做会沟通的幼儿教师

胡剑红　李玲飞　主编

中国轻工业出版社

图书在版编目(CIP)数据

做会沟通的幼儿教师/胡剑红,李玲飞主编.—北京:中国轻工业出版社,2019.3(2025.7重印)

ISBN 978-7-5184-2113-8

Ⅰ.①做… Ⅱ.①胡… ②李… Ⅲ.①幼教人员-人际关系 Ⅳ.①G615

中国版本图书馆CIP数据核字(2018)第216621号

保留所有权利。非经中国轻工业出版社"万千教育"书面授权,任何人不得以任何方式(包括但不限于电子、机械、手工或其他尚未被发明或应用的技术手段)复印、拍照、扫描、录音、朗读、存储、发表本书中任何部分或本书全部内容,以及其他附带的所有资料(包括但不限于光盘、音频、视频等)。中国轻工业出版社"万千教育"未授权任何机构提供源自本书内容的电子文件阅览、收听或下载服务。如有此类非法行为,查实必究。

责任编辑:王慧超 张天怡　　责任终审:杜文勇
策划编辑:高　君　　责任校对:刘志颖　　责任监印:吴维斌

出版发行:中国轻工业出版社(北京鲁谷东街5号,邮编:100040)

印　　刷:三河市鑫金马印装有限公司

经　　销:各地新华书店

版　　次:2025年7月第1版第6次印刷

开　　本:710×1000　1/16　印张:14

字　　数:145千字

印　　数:11001—12000

书　　号:ISBN 978-7-5184-2113-8　　定价:38.00元

读者热线:010-65181109

发行电话:010-85119832　010-85119912

网　　址:http://www.chlip.com.cn　http://www.wqedu.com

电子信箱:1012305542@qq.com

版权所有　侵权必究

如发现图书残缺请拨打读者热线联系调换

251224Y1C106ZBW

前言
PREFACE

　　说话是一门艺术，恰当地表达自己更是一种智慧。从教近 30 年，无论是曾经作为一线教师还是园长，抑或是如今身为一名幼教教研员，虽然在不同阶段诠释着不同的角色和定位，但我都深刻地领悟到：会说话对一个人的成长意义重大。无论是在职场，还是在日常生活中，善于沟通的人往往受人尊敬、得人拥护，而一语不慎往往会造成满盘皆输。

　　会说话的幼儿教师自然不是天生的，而是在后天的不断努力中锻炼出来的。虽然有些人具备沟通的天赋，善于沟通，但我认为，一个优秀的沟通者一定是在实践中不断修炼而成的。2015 年，我与工作在一线的幼儿教师利用整整一年的时间，将他们在从教生涯中遇到的家园沟通方面的问题和困惑进行了整理，然后精心进行甄选与编写。这些浅显易懂的案例引发了许多幼教同行的共鸣，从诸多反馈中我感受到，这些鲜活的案例不仅反映了一线教师面临的真实的问题，而且启发他们从容地应对家园沟通问题。

　　之后，我一直在思考：在现实生活中，难道一名幼儿教师沟通能力的提升仅限于家园沟通吗？答案显然是否定的。新时代的幼儿教师要具备多种多样的沟通技能，所涉及的范围也非常广，比如，幼儿教师与幼儿之间的沟通、幼儿教师之间的沟通、幼儿教师与管理者之间的沟通等。幼儿教师甚至需要与不同的社会群体进行沟通。基于此，我开始关注幼儿教师多元化沟通技能的培养问题。

　　在实践中我发现，幼儿教师遇到的问题具有一定的共性。于是，我将这些问题收集起来，然后进行整理，梳理出教师最为关心的若干问题。因此，呈现在读者面前的这本书不仅解析了幼儿教师与幼儿、家长等沟通的难题，更为关键的是结合现实需求，对幼儿教师如何与同事、家人及利用新媒体等沟通也进行了探讨，让本书更富有时代感。

具体来说，每个篇章均包括引言、案例再现、案例分析、破解策略、举一反三等部分，与读者朋友分享幼儿教师在面对不同人群、遇到不同困惑时的沟通技巧和艺术。其中，"引言"主要陈述该话题探讨的价值和背景，让读者深刻地感悟话题本身的重要意义；"案例再现"则尽可能真实地还原事件的原貌，使读者能够身临其境，感受话题对自身带来的冲击，引发读者去思考。这些案例或来自笔者的亲身经历，或是笔者耳闻目睹所得。"案例分析"和"破解策略"着力描述教师在面对问题时的预判和剖析，以及采用的策略和方法；"举一反三"则是期待读者借助典型案例进行深度学习，从中寻找经验和规律，学会从问题的本质寻找答案，掌握同质问题的解决方法。总之，这本书展现了许多教师在实践中的探索与反思，让踌躇不前的教师在面对不同群体、遇到不同的沟通难题时能得心应手、游刃有余；在遇到一些"疑难杂症"时，不再束手无策、举止失当，真正懂得如何艺术地进行沟通。

当然，在沟通技能这一问题的探讨上，不存在一套放之四海而皆准的方法，幼儿教师沟通技能的习得亦如此，这一点毋庸置疑。因为，每个家庭都是不同的，每个孩子都是不同的，每个人的性格也是有差异的。所以，这本书的编撰不是用来"指导"教师，而是与诸多面临同样问题的教师一起交流和探讨。我相信，这点滴的努力汇集起来会成为一股新的力量，最终，让更多的教师不仅在专业领域，而且在生活中都能找到适合自己的沟通之道，成为一个擅于沟通的专业者、一个会说话的智慧者。

最后，作为此书的编写者，诚挚地感谢曾经给予我无私帮助的幼教同行。作为《破解家园沟通的44个难题》的拓展篇，这本书从关注一线教师与家长沟通的技能，进一步延展到与更多类型沟通对象的难题破解。我们理应全方位地关注教师在其他领域的沟通问题。身处多元化社会，幼儿教师不仅需要有效地处理好家园关系、师幼关系，而且要恰当地利用新媒体交流，与同事建立伙伴关系，打理好自己的生活。希望这本书能够得到广大读者的认可，能够为各位读者带去启发。当然，书中还存在诸多不足之处，恳请读者提出宝贵意见。

胡剑红
2018年9月

目 录 CONTENTS

第一章　如何与幼儿沟通 / 1

难题 1　如何与胆小的幼儿沟通 // 2

难题 2　如何与转园的幼儿沟通 // 6

难题 3　如何与自理能力差的幼儿沟通 // 11

难题 4　如何与有自闭症倾向的幼儿沟通 // 15

难题 5　如何与集体活动中有特殊表现的幼儿交流 // 19

难题 6　如何与爱说脏话的幼儿沟通 // 23

难题 7　如何与单亲家庭的幼儿沟通 // 28

难题 8　如何与"两面性"的幼儿沟通 // 33

难题 9　如何与不同性别的幼儿沟通 // 37

难题 10　如何与有攻击性行为的幼儿沟通 // 40

难题 11　如何与由祖辈养大的幼儿沟通 // 45

难题 12　如何与有弟弟或妹妹的幼儿沟通 // 50

难题 13　如何与爱拿他人物品的幼儿沟通 // 54

难题 14　如何与父母残疾的幼儿沟通 // 58

难题 15　如何适当地表扬和批评幼儿 // 61

难题 16　插班教师如何与幼儿沟通 // 65

难题 17　男教师如何与幼儿沟通 // 69

第二章 如何与家长沟通 / 73

难题 18　如何与特殊幼儿的家长沟通 // 74
难题 19　如何与负能量的家长沟通 // 77
难题 20　如何与情绪失控的家长沟通 // 82
难题 21　如何与口是心非的家长沟通 // 86
难题 22　如何与家庭经济条件不一的家长沟通 // 90
难题 23　如何与性格内向的家长沟通 // 95
难题 24　如何与工作繁忙的家长沟通 // 99
难题 25　如何与重组家庭的家长沟通 // 102
难题 26　如何与喜欢私下建立小团体的家长沟通 // 105
难题 27　如何与产生抵触情绪的家长沟通 // 108
难题 28　男教师如何与家长沟通 // 112

第三章 如何与同事沟通 / 115

难题 29　如何与配班教师沟通 // 116
难题 30　如何与班级保育员沟通 // 120
难题 31　如何与平行班教师沟通 // 123
难题 32　如何与幼儿园领导沟通 // 127
难题 33　如何善意地指出同事的缺点和不足 // 131
难题 34　如何巧妙地赞美同事 // 135
难题 35　如何与幼儿园男同事沟通 // 139
难题 36　如何应对和处理同事的误会 // 142
难题 37　如何与比自己年龄大的同事沟通 // 145
难题 38　如何与性格内向的同事沟通 // 149
难题 39　新教师如何与同事沟通 // 152
难题 40　男教师如何与同事沟通 // 156

第四章　如何与家人沟通 / 159

难题 41　如何得到家人的理解与支持 // 160

难题 42　如何处理婆媳关系 // 163

难题 43　如何与青春期叛逆的孩子沟通 // 167

难题 44　如何与父母更好地沟通 // 171

难题 45　如何平衡家中大宝和小宝的关系 // 175

难题 46　如何应对家庭成员在培养孩子方面产生的分歧 // 179

难题 47　如何营造和谐的家庭教育氛围 // 184

难题 48　青年教师如何与恋爱对象沟通 // 187

第五章　如何利用新媒体沟通 / 191

难题 49　如何晒微信朋友圈 // 192

难题 50　如何利用自媒体开展幼儿园工作 // 196

难题 51　如何应对家长在自媒体上对班级工作的负面评价 // 200

难题 52　如何利用新媒体与家长进行良好的互动 // 204

难题 53　园长如何玩转微信 // 208

难题 54　如何利用新媒体促进亲子互动 // 211

第一章

如何与幼儿沟通

一线幼儿教师一定都有过这样的苦恼：
班里有个孩子总爱欺负同伴，怎么办？
明明的妈妈刚生了二胎，作为哥哥的明明在班里经常发脾气，怎么办？
面对有行为问题的孩子，如何拿捏表扬和批评的分寸？
作为一名插班老师，如何让班级的孩子尽快喜欢上我？
……

身为教师，我们总是期待孩子们与我们"无所不谈"，而不是对我们"敬而远之"；身为教师，我们总是渴望孩子们面对老师的言传身教能"一点就通"，而不是"无动于衷"……教师总是试图找到一把心灵的钥匙，与孩子达成有效的沟通。

其实，要想与孩子很好地沟通并不难。走进孩子的生活，理解孩子的天性，始终相信他是一个真实的个体，需要被宽容和接纳；放下老师的姿态，融入孩子的世界——孩子身体不适时，要不时地给予关心；孩子与同伴发生争执时，要适时调解；孩子遇到困难时，要及时去引导。教师真心诚意的赞美与聆听——哪怕是一个简单的眼神、一个会意的微笑，都会让孩子触摸到温暖的爱……长久下去，孩子心中便会产生一种积极的情感体验。

理解了这些，渐渐地，我们就会发现，友善的氛围让彼此的沟通变得更加有效，与孩子的沟通也会变得更加简单。

难题 1 如何与胆小的幼儿沟通

《幼儿园教育指导纲要（试行）》提出："幼儿园必须把保护幼儿的生命和促进幼儿的健康放在工作的首位。树立正确的健康观念，在重视幼儿身体健康的同时，要高度重视幼儿的心理健康。"不难发现，幼儿园里除了活泼好动、能言善辩的幼儿之外，还有一些胆小敏感的幼儿，他们普遍表现为不敢与人沟通、过于依赖父母、做事缺乏主动性等，是容易被忽视的弱小群体。每一个幼儿都值得被关爱，也都有自己的闪光点。那么，面对胆小的幼儿，如何与他们进行有效的沟通呢？如何用正确的方法引导他们，打开他们的心扉呢？

九月份开学，赵老师又见到了许多崭新的面孔。大部分孩子过了入园适应期之后，都会把赵老师当作幼儿园妈妈，什么事情都喜欢告诉她。但是糖糖有点特别，她对老师心存戒备。早上入园，奶奶把糖糖送到教室门口，老师很自然地和她打招呼："糖糖，早上好！"可糖糖望了望老师，并没有做出回应。相反，她躲在奶奶身后不出来。奶奶把糖糖从背后拉出来，说了她几句，要求她跟老师问好，但是糖糖依然低着头，玩着衣角。老师蹲下来告诉糖糖："主动问好的孩子懂礼貌，这样，老师才会喜欢你。试试看，说——老师好。"可是糖糖始终没有开口。

生活老师张老师闻到一股臭臭的味道，问班里的孩子："谁拉臭臭了？"很多小朋友都说"我没有""不是我"。这时候浩浩指着糖糖大声说："是她，是她，臭死了！"张老师走过来一看，果不其然，是糖糖拉在裤子里了。这时候，糖糖"哇"的一声大哭起来。

在户外活动中，小朋友们开心地滚着轮胎，只有糖糖静静地站在旁边看其他孩子玩。一个小朋友刚好把轮胎放在糖糖脚边，糖糖走过去想拿起来玩，但另外一个孩子也看到了，一把就把糖糖刚拿到手的轮胎抢了过去。糖糖又"哇"的一声哭了起来。一个孩子捂着耳朵说："真讨厌，动不动就哭鼻子！"旁边的孩子都纷纷推着轮胎到其他地方去玩，留下糖糖一个人站在那儿。

>> 【案例分析】

幼儿就像一棵生长中的植物，每一棵植物都不一样，每一棵植物在生长的各个阶段也都各不相同。因此，这个世界才会丰富多彩。无论是内向、不爱说话的幼儿，还是外向、活泼开朗的幼儿，他们都有自己的个性特色，都应该按照自己的发展节奏成长。但是如果内向的性格影响了幼儿的发展，甚至不利于她的成长时，那么就需要成人对其加以引导。作为一个内向的幼儿，糖糖表面看上去不善言谈、不爱说话，深层次的原因是她内心紧张，存在不安全感，再加上对陌生环境的排斥，都对她的生活与个性发展产生了不利影响。

1．行为表现

从案例中，我们可以看到糖糖的胆小表现在以下两个方面。

（1）**对师幼关系的惧怕**。在评价幼儿主动问好这件事时，人们一般会说："这是一个有礼貌的孩子，家教很好。"但有的幼儿不问好，不是因为没有礼貌，也不是因为对教师、成人不尊重，而是因为害怕面对比自己高很多的成人。成人和幼儿之间身份的不对等，让幼儿内心感受到压力，不知道如何去应对。在带有心理负担的前提下，幼儿很难正确、自然地表达自己的情绪和想法。从案例中可以看出，糖糖在与成人的交往中存在排斥感、退缩性。幼儿普遍能自然做到的事情，糖糖则需要鼓足勇气克服心理障碍才能做到，所以才会出现糖糖在活动时因为不敢告诉老师而将臭臭拉到裤子里的事件；在生活老师询问的时候，糖糖不敢吭声、怕被发现；在被同伴揭发时，糖糖由于羞愧而大哭。

（2）**对同伴关系的回避**。从糖糖在户外活动中的状态可以看出，糖糖处于不知如何与同伴相处的阶段，且因胆小而往往只能在一旁观望。当同伴表现得很强势时，糖糖则表现得十分惊恐，不知所措，只能通过哭来求救。对于胆小怕事的糖糖来说，哭成了自我保护的武器。进一步分析可以看出，由于糖糖缺乏与成人和幼儿相处的经验，因此不仅无法从容面对，还因过分紧张而倍感压力。

2．原因分析

造成糖糖胆小敏感的原因，我们可以从家庭、环境、自身三个方面进行分析。

（1）**家庭社交模式的窄化**。通过与家长沟通发现，糖糖主要由奶奶带大，平时和祖辈相处时间较长，与父母相处时间十分有限。而奶奶的细心照顾剥夺了糖糖很多权利，比如，自己动手做事情、和同伴一起玩耍。爷爷奶奶更喜欢将糖糖"圈"在家里，从而导致糖糖与外界交往较少，一到不熟悉的地方她就会缺乏安全感。

（2）**环境因素**。在上幼儿园之前，幼儿生活在关系较为简单的环境中，而进入幼儿园之后，幼儿的交往圈子进一步扩大，需要面对班级教师及同学，需要时间去适应新的环境。糖糖不敢问好、不敢要求如厕等表现都说明她还没有建立起对老师、同伴的信任感，需要老师、同伴给予其更多的包容和耐心。

（3）**自身气质**。幼儿天生不善与人交流。

【破解策略】

1. 增加家庭"内"交往

增加家庭内部交往是改善幼儿胆小、退缩行为的根本做法。幼儿在进行深入的人际交往时，一般是以家庭内部的交往模式为原型的。因此家庭成员与幼儿的互动至关重要，尤其是爸爸的陪伴。父爱如山，父亲与孩子的相处可以给孩子带来很多力量。

2. 增加家庭"外"交往

增进不同家庭之间的沟通交流，创造外出的机会。几个家庭相约共同参加亲子活动，家长在放松心情的同时，孩子也多了玩伴，多了与同伴相处的机会。另外，小区游乐场是孩子经常聚集的地方，家长应充分利用小区游乐场，增加孩子们之间交流的机会。游乐场中既有陌生的孩子，也有附近社区熟悉的孩子，对于孩子的社交来说，既有来自陌生人的"破冰"，又可以形成长期稳定的交往关系。家长还可以带孩子去看童话剧、参观博物馆，开阔孩子视野的同时，也锻炼了孩子的胆量，为孩子提供了更多沟通与表达的机会。

3. 家长的亲身示范

孩子是家长的一面镜子。一般而言，孩子的交际行为模式都是从父母那里学来的。孩子的社交问题往往也反映出家长存在的不足之处。为了提高孩子的社交能力，家长首先要以身作则，亲身示范——遇见熟人热情打招呼，主动交谈；在各类活动场合，自信稳重地展示自我；多参加各类活动，经常和家人、朋友等聚会交流。

4. 不要斥责幼儿

当孩子表现出胆小时,家长不要急于斥责孩子,应慢慢引导,消除孩子的戒备心理和紧张情绪。只有家长放轻松,孩子才会表现出轻松的状态。

5. 避免给幼儿贴标签

在向别人介绍幼儿或者跟孩子说话时,经常评价幼儿胆小,会对幼儿形成一种心理暗示。因此,成人要避免给幼儿贴标签,帮助幼儿发现自己的优点,让幼儿找到自我,相信自己的能力。

6. 为幼儿创造轻松、愉悦的氛围

要为幼儿创造轻松、愉悦的氛围,让幼儿觉得交谈是一件愉悦的事情,而不是一种胆战心惊的行为。不要担心幼儿说错或者说得不对,引导幼儿敢说、想说、爱说,勇敢地用语言来表达自我,将语言变成一种交往的工具。

》【举一反三】

如果通过引导,可以让胆小的幼儿敞开心扉,与他人正常沟通,那么面对孤僻寡言的幼儿,又该如何引导其交流呢?

(浙江省杭州市滨江区钱塘山水幼儿园 舒倩理、刘岚)

难题 2 如何与转园的幼儿沟通

很多幼儿园都有这样一群孩子,他们由于各种原因,从一所幼儿园转到另一所幼儿园,成为我们身边的转园生。对很多转园生来说,陌生的环境是一种考验:他们往往会觉得不习惯、不适应、焦虑、自信心退失,性格内向的幼儿甚至还容易变得孤僻。那么,如何与转园生及其家长沟通,帮助幼儿尽快适应新环境呢?

新学期开始了,小朋友们都成长为中班的小哥哥、小姐姐,我们班又多了一位新成员。初见这个小女孩——美美,我觉得她是一个开朗大方的孩子。她不认生,能和老师聊好多事情。比如,以前幼儿园里的朋友、现在家住在哪里、爸爸妈妈的工作是什么。总之,我觉得这个女孩在社交方面表现得很出色。起初的几天,她的表现也证实了我的想法。但是过了一段时间,接二连三的问题随之出现,我开始注意这个孩子的行为。

现象一:与同伴交流困难。

师:"美美,我们要开始做游戏了,你快去找你的好朋友。"美美:"我没有朋友。"师:"你旁边的顺顺呢?这样吧,谁是美美的好朋友呀,快去拉她的手。"这时,有两个孩子走过去拉她的手,只见美美勉强地与同伴拉着手,不情愿地动了两下,又回到自己的座位上了。接下来的一段时间,美美仅限于和老师交流,基本上不与同伴交流,而且喜欢一个人独自玩耍。

现象二:绘画课迟迟不肯下笔。

老师分发好白纸和材料后,其他小朋友都开始动手了,美美却静静地坐着。师:"美美,加油,我们画好要贴出去,抓紧时间。"美美:"哦,知道了。"老师转了一圈后,看到美美依旧拿着笔东看西看,忍不住又催促:"其他小朋友都画好了,美美,你怎么还没有动笔?"美美:"我不会画。"老师握着她的手画了些轮廓,让她接着画,可是回头一看,画面还停留在原先的地方,没有任何变动。

现象三：午睡时哭泣。

午睡的时候，我发现美美的睡眠比较浅，而且在睡觉期间总爱上厕所。因为天气已经转凉，幼儿园要求孩子在睡觉期间尽量不要起身上厕所，避免下楼时着凉，除非遇到特殊情况。没想到，这似乎给美美带来很大的压力。她躺着的时候轻声地哭泣，老师询问原因，她却不说。

现象四：不愿意上幼儿园。

美美每天上幼儿园的时候总是不情愿地说："小朋友说我是新来的，我不想去幼儿园。"美美有些不愿意上幼儿园了。

【案例分析】

从上面的案例中，我们可以发现，美美在入园适应方面遇到了以下问题。

1. 不一样的环境

美美是一位转园生，从一个熟悉的环境换到另一个陌生的环境，教师和朋友都发生了变化，再加上搬新家，诸多因素使得美美心里产生了一种局促感。另外，她觉得自己是插班生，不属于这个班级，缺乏归属感，带有轻微的社会退缩性。因此，当别的孩子邀请她时，她会表现出躲避行为。但与之相反的是，当妈妈来接美美时，她又会主动和老师交流，这反映了美美内心极度渴望与他人沟通交流，只是有些缺乏勇气。

2. 不恰当的方式

案例中美美画画时为什么迟迟不肯下笔呢？老师和美美的妈妈沟通之后了解到，她小时候因为画画得不好，被妈妈打过，因此产生了一种抗拒情绪，现在不喜欢画画。妈妈给美美造成了一定的心理阴影，使她觉得自己画画很难看。美美为了避免指责，于是选择了沉默。这是一种自卑、不自信的表现。在画画的过程中，她再三思考要画什么、如何画、是否能画好、自己的画会不会被别人嘲笑，这些想法导致她产生了后面的一系列行为。另外，妈妈不当的教育方式加剧了美美的对外排斥感。美美的妈妈总是在孩子面前抱怨以前的老师，久而久之就给孩子造成很强的心理暗示，使她觉得所有的老师都很严苛，在幼儿园没有属于自己的自由，没有快乐，害怕自己的行为引起老师的批评，导致她每天都过分谨慎、小心，做什么事情都要和老师汇报一遍才放心。

3. 不愉快的体验

美美还没有建立起自信，经不起"风吹草动"，一点点事情都会使其内心产生挫败感，让她感到焦虑、缺乏安全感。面对新老师、新伙伴、新教室，生性敏感、孤僻、脆弱、依赖性强的孩子往往会很不习惯，再加上某些方面明显不如其他小朋友，美美就更容易产生自卑心理。一件事做不好而牵连到其他事情，进而使她对所有的事情都失去了兴趣。而其他幼儿称呼美美"新来的"这一说法，强化了她和其他孩子"不一样"的意识，进一步加深了美美对新环境的陌生感。

以上这些问题都影响着美美的入园适应。那么针对这些行为，教师应该如何与美美进行有效沟通呢？

》【破解策略】

1. 了解情况

孩子转园后，父母需要和教师多沟通，仔细观察孩子各方面的表现，比如，孩子对幼儿园的整体环境是否适应、孩子的生活是否能够自理、孩子在与同伴交往中是否存在困难……

（1）**家庭和幼儿园要建立合作关系**。家庭是孩子成长的第一环境，教师在和家长沟通时要做的第一件事就是赢得家长的信任。刚开始交流的时候，家长可能并不理解教师的良苦用心，有时甚至会反感：为什么老师总是反映孩子的问题？难道我没有教育好自己的孩子吗？为了消除家长的心理隔阂，教师要主动与家长沟通，定时反馈幼儿的在园表现，让家长放心，并耐心地向家长解释，幼儿教育必须家园密切合作，才能更好地了解幼儿的心理，才能更好地"对症下药"。案例中的教师与美美的妈妈经过一段时间的交流后发现，她渐渐开始支持教师的工作，从最初的怀疑转变为现在的配合，双方的隔阂逐渐消除了。

（2）**教师要提供适当的指导**。家长的思想观念、教育方式直接影响幼儿认知水平的发展。按照美美妈妈的审美和绘画理念，模仿得最像和最规整的画才是最好的，但是事实上，这样的画失去了儿童画天真烂漫的精髓。如何转变美美妈妈的这一观念呢？老师邀请美美的妈妈欣赏其他班孩子的绘画作品，并有针对性地分析它们的特点，让美美的妈妈逐渐体会到儿童画特有的表现方式和魅力，从而能试着从孩子的角度去欣赏美美的画。

2. 真情交流

幼儿园是孩子生活的重要场所。教师要为幼儿提供一个宽松的环境，帮助幼儿减轻压力，消除局促感，使其成为班级的主人，融入幼儿园这个大家庭中。

（1）**给予生活上的关怀**。在幼儿园，教师始终以关怀、接纳、尊重的态度与美美交往，给予她情感上的抚慰，让她感受到温暖。美美午睡时频繁上厕所的行为，一定程度上也是其紧张情绪的联动表现，于是，教师想出一个有助于美美放松心情的方法。某天午睡时，美美又像平时一样跟教师汇报想上厕所，教师轻轻地拍拍她的头，微笑着和她轻声约定："美美，以后你睡觉的时候想上厕所就自己去，不用和老师说，没关系的。"从她的眼神里，教师看到了诧异和轻松。在后来的日子里，美美从原先每天午睡平均去三次厕所减少到一次，到后来甚至有时候一次都没有。

（2）**增进情感上的交流**。教师平时会经常摸摸美美的头，拍拍她的肩膀，让她感受到教师的关怀。在热闹的游戏氛围中，教师还会邀请她与同伴一起玩，鼓励她接受同伴的邀请，而且尽量尊重美美的意愿，在她不抗拒的情况下要求她主动参与。这样，美美就有了一定的心理缓冲，可以逐步适应新环境。现在，虽然美美只有两个好朋友，但是对她来说已经是不小的进步了。

3. 讲究方法

问题的解决最后还要落实到幼儿自己身上，每个幼儿都渴望被人赏识，只有读懂幼儿的心灵，才能从根本上解决问题。

（1）**强化法，建立自信**。每次美美独立完成绘画作品后，教师都会由衷地赞美她："美美，你画得不错。""看，今天的西瓜颜色画得真好看，老师忍不住都想吃一块呢。"这时她会笑着说："老师，我晚上请你吃吧。"从她的微笑中，教师仿佛听到她在说："哈哈，原来我也可以画得很好看。"

（2）**展示法，提供平台**。教师应该为每个幼儿提供展现自己长处和获得成功的机会，增强其自尊心和自信心，而集体活动是锻炼孩子的最佳时机。在一次小小歌唱家的活动中，为了鼓励美美参加表演，教师先让几位小朋友陪她一起上台表演，然后再让她邀请最要好的朋友一起上台表演，之后逐渐减少和她一起参加表演的幼儿数量。最后，美美能自己一个人上台展示。在得到小伙伴和教师的夸奖后，美美的表现欲和自信心也增强了。

>>> 【举一反三】

如果转园生适应新环境具有典型性,那么对于具有情绪障碍的幼儿,教师又该如何帮助其适应新环境呢?

(浙江省宁波市第一幼儿园　乌建波)

难题3 如何与自理能力差的幼儿沟通

自理能力是一个人立身处世的最基本的能力，也是最重要的能力之一。幼儿作为未来的接班人，对其自理能力的培养不容忽视。在当前环境中，对家庭或学校的过度依赖导致幼儿的自理能力普遍较差，因此在幼儿园阶段培养幼儿基本的自理能力至关重要。

接手小班幼儿已有2个月的时间了，在培养幼儿生活自理能力方面，我们的宗旨是管、放结合。所谓"管"，就是在幼儿做某件事时，教师要预估一下幼儿会遇到什么困难，预先做一些必要的指导。例如，东铭小朋友手部锻炼得少，手没有力气，在脱裤子时就存在一定的问题。我会亲自示范，手把手教他脱裤子的技巧。在穿套头衫时，我也先教会孩子正确的穿脱方法，否则，孩子生拉硬拽会把衣服扯坏。所谓"放"，就是放手让幼儿去做。如幼儿自己盛饭、端饭、吃饭、漱口、收拾玩教具等。在做的过程中，幼儿的自理能力才会逐渐增强。

【案例分析】

幼儿园作为幼儿学前教育的园地，要遵循和谐发展、全面培养的原则，在一定程度上，也承担着对幼儿生活自理能力培养的责任。因此，教师要多加重视自理能力差、不爱动手、家长过于溺爱的幼儿。针对自理能力差的幼儿，及时提出有效的方法，结合家园共育，步调一致地对幼儿进行教育，帮助幼儿提高生活自理能力。案例中的教师很好地做到了这一点。

【破解策略】

自理能力是指幼儿在日常生活中照料自己生活的能力。简单地说就是自己照顾自己，它是一个人应该具备的最基本的生活技能。那么，如何增强幼儿的生活自理能力呢？现实生活中家长无条件的包办代替，使幼儿形成一种错误的认识：自己不愿意干的事情，父母会帮着干。教师要通过各种形式，让幼儿知道自己已经长大了，要不怕苦，不怕累，自己的事情自己做。

1. 对幼儿进行正面教育，增强幼儿的生活自理意识

（1）**正面教育**。教师可以通过"我是乖宝宝""我长大了""我学会了……"等活动，采用提问、讨论、行为练习等形式，让幼儿意识到自己有能力做好一些事情，为自己会做力所能及的事情而感到高兴。教师还可以通过分辨不同行为来巩固幼儿的生活自理意识，比如，准备各种不同行为表现的图片等，然后问幼儿哪张图片上的宝宝最棒，让幼儿在比较中增强对自理行为的认识。

（2）**因材施教，有的放矢**。由于幼儿之间存在个体差异，因此，教师的要求要有所区别。对于自理能力较强的幼儿，可以以较高水平来要求；对于自理能力较弱的幼儿，则要降低要求的标准。比如，教师可以开展"强帮弱"活动，如在幼儿午睡起床后，请能力强的幼儿帮助能力弱的幼儿穿衣服、叠被子等。这样做一方面可以让能力强的幼儿体验到为他人服务的乐趣，另一方面可以让能力弱的幼儿提高自我服务的意识，并逐步掌握自理的方法。

2. 在日常生活中培养幼儿的自理能力

（1）**在日常生活中锻炼幼儿的自理能力**。在小便、洗手、喝水等各个环节，教师应尽量让幼儿自己动手来做，提高幼儿简单操作的能力。比如，幼儿小便后提不上裤子，教师可以教他用两手向上提裤子，渐渐地，幼儿就会掌握这一技巧。还有洗手的正确方法，成人都应耐心地教幼儿掌握，让幼儿通过日常小事的练习逐渐提高生活自理能力。

（2）**为幼儿提供锻炼的机会**。教师应该不失时机地为幼儿提供锻炼的机会和条件，放手让幼儿去尝试、体验自己能干的事情。例如，每天安排小值生——自然角的值日生负责管理自然角，早晨要早早入园，为自然角的花、农作物浇水；餐前值日生在餐前要和老师一起擦桌子，协助老师分小盘和小勺，餐后帮助老师收拾桌子。幼儿对做这样的事情非常感兴趣，每当这时，他们总会争先恐后地说："老师，让我来分勺子吧。""老师，让我来浇水吧。"

（3）**家园合作，对幼儿进行一致性教育**。有些家长认为孩子还小，长大了再干也不迟，因此什么事都包办代替。有的孩子在幼儿园能够自己的事情自己做，回到家里却衣来伸手、饭来张口，久而久之，养成了依赖心理。因此在培

养幼儿自理能力的过程中，家园需要同心，对幼儿进行一致性教育。除了在幼儿园加强练习以外，家长也要对幼儿加以监督和督促。只有教师和家长共同努力，才能将孩子培养得更加优秀。

3. 巩固和加强幼儿自理能力的指导策略

（1）**循序渐进，放手信任**。自理能力的掌握是一个循序渐进的过程，不可能一步到位。例如，针对幼儿学习吃饭，教师首先应该让幼儿学习使用勺子，然后进一步要求幼儿做到"三净"，最后要求幼儿注意不挑食、营养均衡和吃饭速度等。因此，当幼儿初步掌握一项自理能力时，教师应本着"跳一跳，够得着"的原则，对幼儿逐步提出新要求，以便幼儿提高自理能力。教师切不可在幼儿的学习过程中以"一步登天"的方式对幼儿提出高要求，这样做容易使他们失去学习的信心。

（2）**巩固幼儿的自理行为**。任何技能的形成都是一个不断巩固练习的过程，教师要经常督促、检查、提醒幼儿，不断强化幼儿养成的良好习惯，使幼儿逐步形成自觉的行为。

- 在生活活动中训练幼儿的自理行为。如厕、盥洗等环节都体现着幼儿生活自理的水平，教师要抓住这些关键时机，指导、监督幼儿的自理行为，使其形成良好的如厕和盥洗习惯。比如，如厕后要求幼儿自觉整理好衣裤，餐前、便后要求幼儿能正确地洗手，饭后要求幼儿正确地漱口。
- 在区角活动中练习幼儿生活自理的技巧，让幼儿在区角活动中掌握技巧、练习技巧、熟悉技巧。比如，在"娃娃家"游戏中，给娃娃扣扣子、梳头、穿衣服等。在美工区中给妹妹系蝴蝶结（练习系鞋带）、给开口娃娃喂饭（学习使用勺子和拿筷子）、操作菊花扣（练习扣扣子）等。这些活动都有助于进一步巩固幼儿所掌握的自我服务的技能。

总之，"冰冻三尺，非一日之寒"，幼儿生活自理能力的培养不是一两次教育就能奏效的，这是一个漫长的过程。幼儿还小，只要他们自己能做，就要给他们创造锻炼的机会，在此基础上，施以言传身教，辅以耐心细致，结合家园同心，培养幼儿较强的生活自理能力便能成为现实。

》【举一反三】

很多时候，幼儿自理能力弱，主要是由于家长的包办行为造成的。那么，如何与家长（尤其是祖辈）协同教育，给予幼儿在家庭中独立锻炼的机会，让幼儿在家庭中学会自己的事情自己做呢？

（浙江省杭州市滨江区钱塘山水幼儿园　舒倩理）

难题 4 如何与有自闭症倾向的幼儿沟通

如今,有自闭症倾向的幼儿不在少数,幼儿教师在职业生涯中可能会遇到这样的幼儿。对于这类幼儿,教师应更加"用心良苦",既不能放弃他们,也不能把他们列入"问题儿童"的范畴,戴着有色眼镜去看待他们。幼儿教师应做到倾听幼儿的语言,关注幼儿的行为,走进幼儿的心灵。那么,面对有自闭症倾向的幼儿,教师该如何与其沟通呢?采用什么样的教育方式才能帮助他们逐步适应集体生活呢?

开学第一天,妈妈送晓晓上幼儿园。走到教室门口时,妈妈说:"晓晓,快向老师问好。"晓晓低着头,用僵硬的发音挤出"晓晓,快向老师问好"这句话后,一整天都没有说话,更没有与我或任何同伴有眼神交流。晓晓选择了教室里的一个角落坐下,手里一直拿着从家里带来的一本图画书,从第一页翻到最后一页,再从最后一页翻到第一页,不停地重复着这一动作。晓晓没有听从我的任何指令,甚至一天都没有洗手、喝水、如厕。集体活动时,晓晓总是漠然地待在一边,不愿意参与活动,任凭我使出浑身解数,引导他参与活动,他都不予理睬。晓晓偶尔会说话,但发音依然很生硬,而且只是自己对自己说,不时地重复一句话"妈妈会来的……"除此之外,一天之中,他没有说过任何话。在这个陌生的环境中,晓晓倒是不哭也不闹,只是一个人静静地待在角落里,翻看他的图画书。就这样,晓晓静静地、呆呆地、冷冷地度过了他在幼儿园第一天的生活。在接下来的日子里,晓晓的表现并不乐观,与开学第一天相比没有什么本质的区别。

【案例分析】

对于开学第一天的幼儿来说,晓晓不哭也不闹倒是十分奇怪的现象。但是,教师隐约感觉到晓晓与其他幼儿不同。晓晓就像一个"绝缘体",沉默而又孤僻。他的眼神没有光芒；他的脸上没有微笑；他似乎看不到教师，看不到同伴，看不到好吃的东西，看不到好玩的东西，看不到周围的一切。这里的"看不到"并不是视觉上的，而是心理上的漠视，主要表现在以下几方面：

1. 社交困难，孤独离群

晓晓不喜欢亲近别人，不会主动找小朋友玩，即使同伴找他玩，他也表现出躲避的行为，总喜欢一个人待在角落里；对别人的呼唤没有反应，不听从指令，不参与集体活动；任何事情都难以引起晓晓的注意和兴趣，周围发生什么似乎都与他无关；目光不注视对方，甚至回避对方的目光；与他人几乎没有语言的交流，也没有微笑。

2. 兴趣狭窄，行为单一

晓晓常常会在一段较长的时间里专注于某项活动，如他喜欢一直低着头翻看图画书，看到书上的女性图像，嘴里会突然冒出"妈妈"两个字，还喜欢望着窗外，不停地唱《世上只有妈妈好》这首歌；不肯改变原来的行为方式，如他每天看相同的图画书、坐相同的角落、唱相同的歌曲等。

3. 言语障碍，奇异难懂

晓晓的话语很少，词汇有限，不愿意说话，宁可用手势代替。有时，晓晓也会说话，但声音很小、发音生硬、自言自语地重复一些单调的话，让人难以理解，最常说的一句话是"妈妈会来的……"有时，晓晓会模仿别人说话，好比"鹦鹉学舌"；别人问他问题，他不会回答，只会重复别人的问题。

》【破解策略】

以下策略是笔者在与晓晓的交往中尝试使用的，供幼儿教师借鉴。针对有自闭症倾向的幼儿的不同表现，应采取有针对性的策略，必要时可以咨询儿童心理教育专家。

1. 随带小本，观察记录

短时的观察不足以评价一个幼儿，因此，教师可以准备一个随身携带的小本子，通过观察、记录与分析，充分掌握幼儿所有行为表现的资料，依靠强有力的"证据"，试着走进幼儿的内心世界，唯有这样才能"对症下药"，帮助幼儿逐渐走出困境。

2．无声靠近，默默陪伴

持续一段时间的观察后，教师可以慢慢靠近幼儿，但不建议贸然说话，也不建议做任何事情，只需静静地待在幼儿身边陪伴着他。如果第一次这样做后，幼儿并没有表现出反感，那么教师可以利用各种机会陪伴幼儿，这样的"靠近陪伴"可以持续几个月。也许刚开始时幼儿并不予以理会，但是慢慢地，幼儿一定能感受到来自教师的关爱和温暖。也许偶尔会与教师有眼神的交流，即使幼儿没有表情、不说话，但他一定可以感受到教师的存在，这可以说是成功的第一步。

3．开辟空间，建立信任

教师可以在教室的某个角落开辟一个相对独立的空间，尝试走近幼儿的内心，建立彼此之间的信任感。比如，在幼儿经常坐的角落边安装一块透明的小帘子。千万别小看这样的帘子，它能给幼儿带来安全感，但同时透明的帘子不影响教师随时随地关注幼儿。再如，在教室的某个角落安置一个小帐篷，并悄悄告诉幼儿，这是属于他的家，让幼儿产生更多的熟悉感和安全感，进而尝试与教师沟通，对教师建立初步的信任。

4．感受美好，循循善诱

教师可以选择在合适的时机，撤掉教室角落里独立的空间，带着幼儿走出那个"特殊"的角落，出现在班集体中，甚至走出教室，和其他班级的小朋友、老师接触。可以让幼儿和大家一起看书、唱歌、搭积木、放风筝等，并时常告诉幼儿，大家一起玩耍是一件愉快的事情。还可以带着幼儿欣赏大哥哥、大姐姐唱歌、跳舞、讲故事，让幼儿在开放的环境中欣赏别人的美。总之，教师应尽量引导幼儿发现生活中充满乐趣和欢快的地方。

5．表扬鼓励，循序渐进

努力发现幼儿身上的优点，并给予及时的表扬和鼓励。比如，如果幼儿喜欢唱歌，那么可以带着他一起唱歌给大家听，让他收获同伴的掌声，建立自信。当然，教师的表扬应注重循序渐进，言语也尽量自然亲切，点到为止。切忌过多、过重的表扬，那样会加重幼儿的心理负担，引起幼儿不必要的畏惧情绪，使幼儿忌讳在群体面前表现。

6. 手把手教，小步递进

对于幼儿行为方面的问题，教师可以采用手把手教的方式，帮助幼儿提高各方面的能力，特别是生活自理能力。即便像小便、洗手这样简单的事情，教师也要贴着耳朵一遍一遍地对幼儿说，拉着幼儿的小手一步一步地教，耐心地鼓励幼儿："你看，是这样做的。""没关系，再来试一试。"教师需要做的是不厌其烦地帮助幼儿提高自理能力，让幼儿变得更有自信。

>>> 【举一反三】

在面对有自闭症倾向的幼儿时，教师应该以一颗平常心对待，以无限的爱心和责任心爱护这样的幼儿，但是在幼儿园如何引导其与同伴进行良好的互动呢？

（浙江省宁波市宝韵音乐幼儿园　林昔娜）

|难题 5| 如何与集体活动中有特殊表现的幼儿交流

在集体教学活动中，无论是小班、中班还是大班，都存在"只顾自己聊天而不听教师讲课""注意力极不集中""容易起哄""与老师对着干""做小动作""与旁边的同伴窃窃私语"等有特殊表现的幼儿。针对集体活动中有特殊表现的幼儿，教师应该如何与其交流呢？

> 小班男孩站站在上课时管不住自己，总要做一些小动作：一会儿摸摸椅袋里面的小玩具，一会儿与同伴聊天，一会儿招惹旁边的同伴，并且以此为乐，导致其他小朋友告状不断。老师提醒他之后，过一会儿他又开始将身体倒在地上，发出响声，在别的孩子回答问题后开始起哄。如果老师严厉地批评他，让他在一旁冷静反思，禁止他参与一切活动，他就开始耍赖、哭泣，影响整个班级教学活动的效果。

》【案例分析】

站站是一个聪明的孩子，活泼好动，但注意力不集中，在集体活动中常常影响同伴和老师，导致班级教学效果不佳。针对这样的情况，教师除了在课下用心与其交流外，在上课时也要采用良好的交流方式，帮助站站稳定情绪，约束自己的行为。

当然，对于这样比较特别的幼儿，教师的引导要循序渐进。教师因站站不遵守课堂纪律而禁止其一切活动的行为，并没有尊重幼儿，长此以往会导致幼儿对活动失去兴趣、对自己失去信心。教师要注意，不要在全班幼儿面前训斥讲话的幼儿，这样做会破坏课堂气氛，打断教学的连贯性；同时，当着全班幼儿的面批评聊天的幼儿，也是不尊重幼儿的表现。在发现站站的不足之处的同时，教师也要关注其进步之处，在批评中加以鼓励，在慈爱中体现严格，有智慧地帮助幼儿养成良好的行为习惯。

>>> 【破解策略】

1. 教师方面

（1）**自我反思，不断提升**。如果班级幼儿的课堂常规表现普遍比较差，那么教师应该深入分析原因：是不是教学内容趣味性不强、教学方法过于枯燥、班级管理的方法不够科学？与此同时，教师还要了解在集体教学活动中有特殊表现的幼儿的性格特点、兴趣爱好等，及时调整教学策略，让教学活动既有趣味又充满挑战，更加符合幼儿心理发展的规律。此外，教师应该为幼儿提供自由聊天的机会，使幼儿自主表达内心的想法。教师经常会发现，在盥洗、喝水等过渡环节，幼儿聊天聊得特别起劲，因为在这段时间，他们感到无拘无束。教师可以在课前为幼儿创设"我想和你说悄悄话""我想和你说"等环节，这样可以让幼儿知道上课要克制自己，不能随意说话。

（2）**及时鼓励，树立信心**。美国一位教育家曾经说过这样一句话："在教育孩子的事情上，除了鼓励，我不知道还有什么别的方法。"在孩子成长的过程中，对孩子的鼓励，其实是对孩子信任的表现，是对他的能力的肯定和认可。尽管站站身上有很多"缺点"，总是"捣乱"，但教师要及时发现其优点，及时予以鼓励，哪怕他进步一点点，都要在全班面前表扬一番，让他知道老师是关注他的，让他知道自己是很棒的，帮助他树立自信心与自豪感。教师可以利用身体接触（拥抱、击掌）或者精神奖励（拥有一项特权）等，鼓励和激发幼儿。

（3）**及时提醒，提出要求**。在集体教学活动中，当"幼儿只顾自己聊天而不听教师讲课"时，教师可以这样做：轻轻地走到幼儿的身边，摸摸他的头，提醒他注意听老师讲课；找一个借口，巧妙地把爱聊天的幼儿的座位隔开；多请有特殊表现的幼儿回答问题；运用教师的声线变化，吸引幼儿的注意力；教师在上课之前与幼儿建立约定，提出上课的要求——"我们要遵守约定哦，老师只提醒你三次，三次机会没有之后，你就不能和好朋友们坐在一起了，你要坐在我旁边哦！"必要时，还可以运用一些物质奖励或精神奖励进行正强化；也可以在语言中鼓励幼儿遵守规则——"哇，你今天比昨天坐得更好了，身体直直的，我可真喜欢你！"

（4）**利用故事，树立榜样**。对于班上的特殊幼儿，教师可以用故事中的人物进行移情。"哇，你这么努力，就像故事里的××一样，我真为你感到高兴。""你瞧，如果你在上课时影响别人，就像××一样，大家就不会那么喜欢你了。"同时还要树立榜样，让他们知道可以像谁一样表现——"哇，你们看，今天××小朋友学本领的样子可真神气，我想你比他更棒，加油哦！""我要找一找谁的眼睛在看我，哇，我看到了舫舫的眼睛像星星的眼睛一样亮亮的，我看看还能看到谁的眼睛？""慧慧小朋友听老师说话特别认真，我要表扬慧慧小朋友！我看看还会表扬谁？"这样一来，别的幼儿就会纷纷模仿这个小朋友的行为。类似这样的言语会非常有效，所以，教师应做到嘴勤，及时发现和表扬幼儿的良好行为。避免用否定、命令式语言；年龄小的幼儿，可以用情景式语言加以引导。通过语言暗示的方式，让他们提高对自己的要求。

（5）**培养常规，团队坚持**。集体活动中的常规培养贵在坚持，这是一个庞大的工程，不是一两天就能完成的，教师要有一个长远的打算。只要开始，就要坚持下去，这样才会取得成功。班级教师的要求要一致，配合默契。比如，一位教师在组织集体教学活动时，另一位教师就在后面配班，这样幼儿有什么问题，配班教师能及时地引导。经过一段时间的引导，相信幼儿会逐渐形成良好的常规。针对特别幼儿的要求，班上两位教师要一起执行，提高配合度。

（6）**留心关注，对症下药**。对于"上课调皮"的幼儿，教师应该倾注更多精力，哪怕幼儿只有一个闪光点，都要去表扬他，以提高幼儿的自信心。有时幼儿在一段时间内表现异常，可能是家庭出现变故，这时教师也应该多留心，寻找背后的原因，以便对症下药。从幼儿一日生活中的细节入手，教师多倾听和关注幼儿，与家长合作，有助于综合培养幼儿的规则意识。

2. 家园合作方面

（1）**用心建立家园交流的基础**。家长都很爱自己的孩子，对孩子的未来充满期待，孩子在成长的过程中表现出任何一点进步，都会被爱子心切的家长无限放大。因此，教师与家长交流的时候，要多提及孩子的优点；与家长交流孩子的缺点时要注意方式，要表明相信（首先教师自己要相信，其次让孩子相信，让家长相信）孩子一定会改掉缺点。这样家长才容易接纳教师的建议或意见。

（2）**有针对性地进行沟通**。教师对幼儿多一些关爱和帮助，放大其优点，以点带面，以期建立良好的师幼互动关系；同时要有针对性地、有重点地多与幼儿的家长沟通，家长自然会感觉到教师对孩子的关切之情，了解教师在孩子身上所付出的心血。家长就会认同教师、接受教师，使沟通顺利地进行下去。

（3）**尊重家长，多提建设性意见，不要居高临下**。在处理幼儿的问题行为方面，教师都做了哪些工作，取得了什么成效……教师要先跟家长交流，然后再提出需要家长在哪些方面进行配合。在征求家长的意见时可以这样说："您是怎么想的，如果我们采用……方法做他的工作，您看行不行？"要多提建设性意见，不要使用"你应该"或"你必须"等命令性的字眼，而应该使用"我认为"或"您认为怎样"这些婉转、协商性质的词语，这样家长才乐于接受教师的建议或意见。当然也不能过于谦虚，在确定无疑时，语气应该十分肯定，让家长相信你的专业能力。

（4）幼儿在园出现状况时要及早、主动地与家长沟通。幼儿在园"调皮、不听指令"的行为难免会出现这样或那样的意外事故，如果教师不及时、主动地与家长沟通，让家长胡乱揣摩，很可能会因家长的误会导致教师所做的工作功亏一篑；当然，如果因教师在工作中的失误导致幼儿受伤害，教师则应主动承担责任。

>> 【举一反三】

面对户外游戏中不肯参与游戏的幼儿及其出现的特殊表现，教师应如何更好地与其沟通呢？

（浙江省金华市浦江县浦阳幼儿园　黄钰）

难题6 如何与爱说脏话的幼儿沟通

伴随着幼儿口语表达能力的迅速发展,有时我们会听到有些幼儿脱口说出一些脏话,家长和教师越制止,他们说得越起劲。为什么孩子爱说脏话呢?教师和家长在应对时存在哪些误区呢?我们需要分析幼儿爱说脏话的心理动因和其他深层次原因,然后通过有效的沟通引导他们学会正确的口语表达方式。

朵朵最近老是喜欢喊爸爸妈妈——"屎爸爸,屎妈妈",说完就捂着嘴哈哈大笑。在幼儿园时,她还指着别的小朋友说:"你这个臭大便,哈哈。"妈妈提醒了朵朵好几次,让她不要把这些词挂在嘴边,朵朵也不听,说得更起劲了。

有一次,妈妈在家里无意中说了一句"神经病",被琦琦听到后学了去。此后,琦琦动不动就说"神经、神经",甚至把这个词当成了口头禅。在幼儿园,浩浩推倒了琦琦正在搭建的玩具作品,琦琦气得大声喊:"你神经病啊!"和琦琦一起玩的可可也跟着一起说:"你这个神经病!"

在绘画活动中,莉莉完成了她的作品并在一旁满意地欣赏着,旁边的芸芸冒出一句话:"你画的画好丑啊,白痴。""才没有呢!"莉莉有点不高兴地说。芸芸又说:"你这个笨蛋,画的画像臭狗屎,哈哈。"莉莉涨红了脸,生气地说:"你才是笨蛋,你才是大白痴!"

星星是一个温和有礼貌的孩子,爸爸妈妈工作都很忙,很少有时间陪她。一天,爸爸在电脑前工作,星星在客厅喊:"爸爸你快看,我用橡皮泥捏了一只兔子。"爸爸虽然嘴上答应着,但一直没起身。星星生气了,大喊:"爸爸你这个臭坏蛋!我讨厌你!再也不理你了!"

>> 【案例分析】

分析上述案例，我们可以发现幼儿爱说脏话的原因是多方面的。

1. 新鲜感的刺激

幼儿阶段的孩子认知能力不强，有些幼儿说脏话的时候并没有强烈的主观目的性，只是觉得这是一件新鲜、好玩的事情。案例中的朵朵爱把"屎"挂在嘴边，是因为她开始关注到"屎"是身体的一部分，对其产生了好奇和兴趣，觉得好玩儿。可见，幼儿说脏话的行为是无意中习得的、非理解性行为，实际上他们并不理解脏话的真实意义。

2. 周围环境的影响

幼儿期的孩子口语表达能力迅速发展，模仿是他们习得本领的主要方式之一。案例中的琦琦受到妈妈"榜样"作用的影响，学会了说脏话。在人际交往中，我们会发现有些幼儿在最初自发发音的基础上，听到了成人或者同伴说类似的"脏话"，便去模仿成人或同伴的语言和词语，并经常受到成人或同伴的鼓励、重复与强化。同时，一些影视节目中的暴力语言也会在一定程度上给幼儿带来暗示和强化。

3. 情绪的宣泄

在幼儿社会性行为的发展过程中，社会情感起着驱动性的作用。由于生活经验的匮乏，许多幼儿在遇到情感挫折时，往往是情绪占支配地位，以较为极端的方式来宣泄自身的不良情绪。案例中的莉莉被芸芸的话激怒，于是采取她认为的富有力量的说脏话的方式来恫吓对方，保护自己。在这种情境下，幼儿已经理解了脏话的含义，并将其作为发泄情绪的途径，其语言是带有攻击性的。

4. 博取他人的关注

在幼儿心理发展的过程中，每个幼儿都有被关爱、被关注的需要。他们希望得到同伴和成人的关注与接纳。当他们的需求没有得到满足时，有些幼儿会采取比较反常的、极端的方式来博取他人的注意。案例中的星星觉得自己没有受到父母的关注，于是以一种反常的方式——"说脏话"来设法获得父母的注意。只有了解了幼儿爱说脏话的原因，才能以有效的方式与幼儿沟通，帮助他们改正爱说脏话的不良习惯。

>> 【破解策略】

爱说脏话只是部分幼儿成长过程中的小插曲，教师和家长需要分析幼儿说脏话的原因，掌握有效的沟通方式，避免走入教育误区。

1. 避免强化，温和引导

当幼儿脱口说出脏话时，家长和教师过度的反应对那些尚不完全了解脏话的意义的幼儿来说，只会强化其说脏话的行为，将他们对脏话的无意注意转变为有意注意。幼儿说脏话的行为可能是无意间习得的结果，我们应对这种行为时产生的强烈情绪不但不会将其消除，反而会让幼儿更加来劲。当幼儿觉得说脏话新鲜好玩时，家长和教师不要过分显露出惊奇、激动的表情，可以采取避而远之的策略，以"轻描淡写"的态度与幼儿沟通。在沟通时，语言中不要再次出现不文明用语，以免对幼儿产生负强化。必要的时候，教师和家长甚至可以通过冷处理、转移话题的方式来淡化幼儿说脏话的行为。

当幼儿出现说脏话的行为时，许多家长和教师常常通过严厉、粗暴的方式进行制止，例如，"你再说，我就把你扔出去！""再说脏话我就要打你了！"这样较为粗暴极端的方式可能在短时间内有效，但如此一来，幼儿往往被迫压制了情绪的表达，这对他们心理健康的发展是不利的。因此，家长和教师千万不要通过粗暴的指责、大声的斥骂或过分强调来指出说脏话的弊端，而应该温和地引导孩子：是不是可以把话说得更好听一点？是不是可以用好听的词语？由此渐渐地影响幼儿，淡化幼儿说脏话的行为。

2. 结合情境，形象沟通

幼儿的思维方式以具体形象思维为主，家长和教师要用幼儿能理解的方式与其沟通。我们可以选取相关的故事，借助绘本故事中的形象，利用榜样的力量进行沟通。例如，"小象因为老是说脏话就失去了好朋友""小狗因为说话文明有礼貌，大家都很喜欢它"等。由于这些象征性的形象是幼儿感兴趣的、乐意模仿和学习的，所以比起枯燥、粗暴的管教和讲大道理，这样的方式更为有效。

根据幼儿"泛灵"的心理特点，家长与教师在和幼儿沟通时，可以转移幼儿的注意力，将说脏话的后果转移到他感兴趣的、在意的事物上，比如，如果孩子特别喜欢兔子玩偶，就可以提醒他当他说脏话时，兔子的耳朵就会好痛好痛。对于年龄较小的幼儿，结合具体形象的情境，以其能够理解的语言沟通，效果会更好。

3. 给予关注，满足需求

还有一些幼儿说脏话是为了博取成人或同伴的关注，由此来满足自身的情感需求。首先我们要理解幼儿的行为，他们这样做是情有可原的。当幼儿有某种情感需求时，我们不能忽视，应该尽量及时地对幼儿进行回应，让幼儿感受到他是被关爱的、被需要的。在繁忙工作的同时，家长也要留出陪伴孩子的时间。如果实在没空，也要在恰当的时候提前和孩子沟通，例如，在工作前对孩子说："我现在有点忙，等会儿陪你行吗？"让孩子感受到父母、教师对他的尊重和关爱。如此才会减少幼儿采取极端的方式来吸引关注。

需要注意的是，教师和家长不要等幼儿说出脏话后，才放下手头的事情，严肃地对其进行教育和批评。这会使部分幼儿觉得只有当他的言辞激烈时，教师、同伴和父母才会关注自己，这样做反而会助长他们说脏话的行为。

4. 正面教育，移情训练

当幼儿出现爱说脏话的行为时，家长和教师要坚持正面教育和引导，教会幼儿明辨事理，分清是非。我们首先应该控制自己的情绪，以平静和缓的语气与幼儿进行讨论。在讨论的过程中可以让幼儿思考，为什么粗俗难听的"脏话"不被大家接受？有些幼儿说脏话时并不完全理解脏话的含义，我们可以用明确的语言将一些脏话的含义解释给幼儿听，让他们明白脏话中的词汇是带有侮辱性的，让他们理解自己的不当言行会给他人造成伤害。比如，当一个幼儿对别人说"浑蛋"的时候，我们可以告诉幼儿："你说他'浑蛋'，就是说他是一个不懂道理的坏家伙，这会使别人不高兴，不愿意和你玩。"又如，当幼儿将"屎""尿""屁"挂在嘴边时，我们可以将这些词汇进行理性的讲解，让幼儿认识到这些词语并没有什么特别的地方。

如果经过多次提醒和沟通后，幼儿还要故意说脏话，那么我们就可以适当地采取一些惩罚措施，让幼儿明白这样做是错误的，每个人必须对自己的言行负责，说脏话要受到惩罚。

此外，家长和教师可以适当采取移情训练的方式对幼儿进行引导，让幼儿也体会一下"被骂"的滋味，通过换位思考，让幼儿想想如果别人对自己说脏话，自己会是什么感受？以此来体验脏话是很难听的，没有人愿意听不好听的话。幼儿有了这样的经验和思考以后，就能够更好地理解自己行为的不当之处，并做出相应的调整。

5. 授之以渔，合理宣泄

一些幼儿说脏话是为了宣泄心中的不满情绪，是其在人际交往中受到挫折时的一种情绪表达。由于幼儿缺乏生活经验，他们难以找到合理的宣泄情绪的途径，他们觉得脏话是一种有力量的语言，可以用来攻击别人、保护自己。因此我们要在日常生活中，引导幼儿学会在感到愤怒、不高兴时，用恰当、文明的语言来表达自己的感受，比如，"我生气了""我现在有点不高兴"等，而不是用不文明的词语来宣泄自己的情绪。当幼儿用优美的语言来表达自己的情绪时，家长和教师要及时进行鼓励和表扬，对幼儿进行正强化，让他们意识到美的语言会给人带来愉悦。当幼儿在人际交往中受挫时，我们应该引导幼儿反思自己的语言和行为是否不妥。通过自我反省来调整自己的语言和行为，再次尝试去解决问题，化解不满的情绪。

》【举一反三】

如果孩子在幼儿园讲文明、懂礼貌，在家里却时不时脱口说出一些脏话，这时我们又该如何有效地和幼儿沟通，引导其改掉不良的习惯呢？

（浙江省台州市天台县实验幼儿园　蒋嫣嫣）

|难题 7| 如何与单亲家庭的幼儿沟通

研究"单亲幼儿认知、情绪、社会适应性"的报告表明,单亲家庭中具有"随意性"、"胆小"和"发呆"特点的幼儿比例最高,依次占样本总人数的61.57% 和 60.69%;有一半以上(55.45%)的单亲幼儿存在"焦虑"情绪,有30% 左右的单亲幼儿存在"固执""易发怒""情绪低落""自卑""不愿与人交往、交谈"等人格障碍。《幼儿园教育指导纲要(试行)》明确指出,"幼儿园必须把保护幼儿的生命和促进幼儿的健康放在工作的首位",而一个人的健康包含了生理健康和心理健康两方面,不健康的心理状态会影响其日常生活的方方面面,因此心理健康渐渐受到更多人的关注。在幼儿出现以上情况时,教师要及时与幼儿进行沟通交流,有目的、有计划地进行情绪疏导。

衣衣是一个活泼开朗、很爱笑的女孩,她似乎和班里任何一个孩子都合得来,各方面能力也都很强,是一个很省心的孩子。班级里所有的活动都是爸爸、妈妈陪她一起参加,老师们一致认为衣衣生活在一个幸福的家庭。但是这两天,衣衣似乎有些反常——和小朋友玩耍时情绪波动大,集体教学活动时她的眼睛总向别处看,连午饭也不想吃。

快放暑假了,班级里的小朋友都沉浸在即将外出游玩的喜悦之中,只有衣衣一反常态。平时吃饭总是在前三名的她,今天吃饭也不在状态,一会儿拨拨盘子里的菜,一会儿眼睛盯着门外发呆,吃了半个小时,碗里的饭还不见少。我对她说:"衣衣,食堂爷爷都要下班了,你怎么还没吃完饭?"她看看我,不声不响地把碗端起来,加快了吃饭的速度。到了中午午睡时,以往倒头就酣睡的衣衣在床上辗转反侧。我走过去坐在她的身边,她立马侧身背对着我,把被子蒙到头上,蜷缩着身子一抖一抖。我有些纳闷,温柔地将她的被子掀起来,只见小小的她手中捏着一张纸巾在轻轻抽泣。做手工的时间到了,衣衣拿着剪刀,神情有些呆滞,边上的小伙伴好心提醒她:"衣衣,快点做啊,你看我都剪好了。"衣衣一听,转过身就朝小伙伴的作品上剪了一刀,还皱着眉说:"要你管!"

下午放学时,衣衣的外婆来接她,我刚想反映这两天衣衣的反常情况,衣衣的外婆就拉着我坐了下来，告诉我衣衣的爸爸妈妈离婚了，现在衣衣归妈妈抚养。衣衣的妈妈每天也把自己关在房间里，导致衣衣最近整个人情绪都很低落。我将她最近的表现与这一家庭变故联系起来，这才恍然大悟。一个孩子突然从幸福的双亲家庭进入了单亲家庭，其承受的心理压力是巨大的，衣衣在幼儿园里表现出的所有退行性行为都是因为这些因素影响了她的心理健康。那么家长和教师该如何与突然受到心灵创伤的衣衣进行沟通和交流呢？

【案例分析】

从上述案例中，我们不难发现，衣衣从开始的情绪欢愉到现在的敏感冷漠是由其家庭变故、母亲情绪不稳定这两个因素造成的。父母离异往往会出现以下两种情况，使单亲家庭的幼儿心理健康受到影响。

1. 亲子互动骤减，情感缺失

父母离异的原因是幼儿很难明白的，有的幼儿会将父母离异归咎于自己，由此产生自己不是好孩子的想法，并且深深自责。长此以往，这种负面情绪会使幼儿变得敏感、畏惧，形成自卑、封闭等心理。单亲家庭的幼儿往往会产生孤独感和被抛弃感，而此刻父母双方因为怄气或者心情不畅导致与幼儿互动的时间减少。单亲家庭的幼儿一旦得不到父母的关注和亲子陪伴的时间减少，则可能在心灵深处产生父母一方或双方都不爱自己的感觉，也容易产生被抛弃的感觉。

2. 对孩子期望太高，更加宠溺

我们对孩子的发展要求都要建立在孩子的最近发展区。失去配偶之后，许多家长便把孩子作为唯一的精神支柱，往往把全部的希望、梦想都寄托在孩子身上，但如果期望值过高，势必会导致孩子的心理负担过重。有些心理素质不佳的孩子，受不了这种压力便索性走向了反面，不思进取，乃至"破罐子破摔"。还有一些孩子也许能坚持发奋，但是一旦超出了自身的承受极限，便有可能走向崩溃，结果反而会更糟。此外，也有许多单亲家庭的家长觉得愧对孩子，便更加宠溺孩子，对其百般照顾，造成孩子依赖性太强，反而使他们缺乏独立生活的能力。

【破解策略】

如何有计划、有目的地干预单亲家庭幼儿的心理问题,正确地与单亲家庭的幼儿进行有效沟通,缓解其心理压力,帮助幼儿矫正一系列行为问题,恢复心理健康呢?以下策略可供借鉴。

1. 建立幼儿档案,加强家园沟通

针对单亲家庭幼儿出现的一系列心理问题,与幼儿沟通首先要从根源抓起,了解幼儿家庭的真实情况。教师要先与幼儿的父母进行有效沟通,贴近幼儿的生活,关注幼儿每天的情绪变化,建立个案观察档案并进行梳理分析,从而了解幼儿现阶段的心理变化,从幼儿的角度出发,适时调整对其的教育策略;可以对幼儿采用共情法,接纳幼儿当时所有的情绪、情感并表示理解,顺着幼儿的情绪与幼儿沟通,消除其对外界的防备心理,使其产生信任感;同时,解铃还需系铃人,教师需加强家园合作,请家长在幼儿面前尽量保持情绪平和,多与幼儿进行亲子游戏,用幼儿能接受的方式给予正面引导,使他重新获得在家庭、社会中的安全感。比如:

- ◆ 父母每天抽出时间陪孩子玩一到两个亲子游戏。
- ◆ 每晚临睡前,和孩子共读一本绘本。
- ◆ 不管孩子是归父亲还是母亲抚养,要让他感受到自己并没有失去另一方,父母双方可以隔周带孩子出去郊游。

2. 发现幼儿的亮点,重塑自信自爱

周围的舆论和家庭中的特殊氛围对单亲家庭的孩子所造成的心理压力往往要超过双亲家庭的孩子。单亲家庭的父母也会将自己的心理创伤有意无意地表现在对孩子的教育上,所以单亲家庭的孩子往往比其他孩子要敏感得多——会因为别人多看了他一眼而突然暴怒,会因为小伙伴与他争抢物品而变得情绪激动,所以我们可以理解为什么衣衣在做手工时会出现拿剪刀剪坏同伴作品的行为了。

依据单亲家庭的孩子缺乏安全感,对周遭环境产生不信任,开始怀疑自己,出现胆小、自卑的心理且每个孩子都有好胜心,希望获得成功体验这一点,教师可以寻找让单亲家庭的幼儿获得成功和赞许的机会,让他明白生活的变故并

不是因为他造成的，他还是像以前一样优秀，帮助他重塑自信、自爱的健康心理。比如：

- 每次艺术活动后，在班级显眼的地方展示幼儿的画作；在餐后的自由时光里，在他的身边陪伴他，看他安静地画画，以他的作品为媒介分析他的心理现状，和他交流沟通，走近他的内心。
- 在班级中开展"我是班级小主人"活动，委以重任，让幼儿参与班级的管理活动，让其感受到自己是重要的。
- 举办"寻找小伙伴的亮点"主题活动，让单亲家庭的幼儿珍视自己的优点，也让班里其他幼儿发现他的优点。

3. 温暖幼儿的心灵，开展团体心理辅导活动

单亲家庭的幼儿在生活中缺失父母其中一方的爱，这会让他们产生被抛弃的感觉，因此情感缺失是他们最大的心理问题。要想抚慰幼儿受伤的心灵，最直接的办法就是给予其足够的爱和温暖，让他们感受到自己其实并没有被抛弃，生活依然充满了善意与爱。教师应当适时发现幼儿的需要，在生活中及时地为他们提供帮助，在幼儿生日或特定节日时送上一些爱心礼物；在他们失败时，以坚定的口吻鼓舞他们；在他们成功时，以真诚的态度拥抱祝贺，用自己的一言一行带给他们足够的安全感；让他们处在"安全"的环境里，以平等的姿态与他们谈天说地。幼儿是聪敏的，他们会感受到老师给予的爱，感受到老师是一个可以亲近的大朋友，从而愿意接受老师提出的意见或建议，与老师交流谈心。

除此之外，教师还可以在班级中展开针对全班幼儿的团体心理辅导，让孩子们懂得帮助同伴，与小伙伴交往需互助友爱，用集体的力量让幼儿感受到生活的温情。比如：

- 创设生日墙，在教室里为幼儿举办庆生活动，让单亲家庭的幼儿在集体中产生归属感。
- 去孤儿院、敬老院等地进行社会考察，让幼儿了解每个人都有需要帮助的时候，开展《请让我来帮助你》主题活动。

4. 释放幼儿的压力，创设心情小屋

倾吐、发泄是释放压力的重要途径，故有"吐故纳新"一说。但因学前儿

童的年龄特点,造成单亲家庭的幼儿容易出现表述不清、倾吐不出等现象。另外,内心敏感的幼儿碍于公共场合等,不愿意倾吐。因此,教师可以在班级内创设一个"心情小屋",即布置一个温馨安全的、受孩子们喜爱的角落,放上一些有教育意义的绘本,在空闲时间与幼儿一起师幼共读;可以空出一面墙或者准备一块白板,让幼儿用手中的画笔将那些表达不出来的心情画出来;可以放一些轻柔安静的音乐,让幼儿焦虑不安的情绪有处安放,能将内心的不快向教师一吐为快。

总之,对于单亲家庭的幼儿,教师要照顾他们敏感、脆弱的内心,了解他们渴望被爱的心情,与他们构建起平等信任的关系,在"安全"的环境里和他们"谈天"。

【举一反三】

对于单亲家庭的孩子,父母又该如何与他们进行有效的沟通呢?

(浙江省宁波市第二幼儿园 陈妍妍)

难题 8 如何与"两面性"的幼儿沟通

　　幼儿园班级管理中往往会遇到这样的孩子，在教师和孩子们面前是听话乖巧、人见人爱的"乖宝宝"，回到家里却变成任性骄横、蛮不讲理的"小霸王"。常常有家长戏称："我的孩子谁的话都不听，只有老师才管得了。"小小的孩子便能娴熟地运用"两面"的手法，到底是哪方面的教育出了问题呢？教师又该如何与这些有着"两面性"的幼儿沟通呢？

　　✍ 心心在幼儿园里是一个特别乖巧的小女孩，能做力所能及的事情，上课积极举手发言，还能主动帮助能力弱的同伴，是老师心目中的"乖宝宝"，亦是其他孩子学习的榜样。但是在一次与其家长的交流中，老师发现心心在家里和在幼儿园里的表现完全不一样。

　　心心妈妈：老师，我们家心心在幼儿园里表现怎么样？

　　老师：心心各方面表现都特别棒，这几天班级在评选"好儿童"，我们班的孩子都选心心呢！

　　心心妈妈：老师，还是你有办法，在家里心心谁的话都不听。

　　老师：心心在家里表现怎么样？

　　心心妈妈：她在家里什么都不做！自己不会吃饭，要我们喂；家里玩具丢得乱七八糟，都不会自己整理；还乱发脾气，我们怎么说都没用！

　　为此，班级老师也找心心"聊天"，了解真实情况。

　　老师：心心，昨天你妈妈告诉我，你在家里表现不够好哦，很多自己能做的事情都不愿意做，真的是这样吗？

　　心心：老师，你可别听我妈妈说的，在家里我就偶尔"放松"一下，整理东西、好好吃饭这些我在幼儿园里就已经完成任务啦！老师，你看，这些我都完成得特别棒，上午王老师还表扬我了呢！今天欢欢不会叠被子，我还帮助他了呢。我在家里就休息一会儿，妈妈就一直唠唠叨叨，我都听得烦死了！ §

【案例分析】

怎样看待发生在心心这样的孩子身上的"两面性"表现呢？中国当下的家庭多为"6+1模式"，即爸爸妈妈、爷爷奶奶、外公外婆共同带一个孩子，孩子是家庭中的"小太阳"，所有人都围着孩子转。家长们对孩子百般呵护、包办代替，使得孩子逐渐产生了惰性和依赖感，逐步产生了"犯错也没关系，爸爸妈妈都会原谅我；不做也没关系，爸爸妈妈都会帮我做"的观念。

幼儿园是孩子从家庭走向社会的第一步，进入幼儿园这个"小社会"后，幼儿的交往范围逐渐扩大，交往的对象由单一的家长变成了幼儿园的老师和同伴。社会规则也从"为所欲为"变成了需要一定的规范要求，有了一定的评价标准。幼儿知道在幼儿园要遵守班级的规则，从而产生了只有遵守幼儿园的规则，才能获得老师和小朋友们认可的观念。于是，幼儿在幼儿园就会按照"乖宝宝"的标准去做，目的是为了获得老师的表扬和其他幼儿的钦佩。但是回家以后，幼儿认为自己不需要"装模作样"地顺从了，就算违反规则也没关系，可以获得家长的原谅。于是就产生了像心心一样在外勤劳，在家懒惰；在外讲理，在家任性；在外"乖宝宝"，在家"小霸王"的"两面性"表现了。

从儿童心理发展的角度来说，这是一种正常且普遍的现象。幼儿的规则意识和社会性已经处于萌芽状态，但是缺少对于"规则"的理解。其实这种现象在成人的世界中也有发生，重要的是要用正确的方式和方法与幼儿进行沟通和疏导。

【破解策略】

1. 正面示范，行为驱动

幼儿期是秩序感、责任感和社会性发展的重要时期。根据这个年龄段幼儿喜欢模仿和学习的年龄特点，教师可以通过亲身示范，向幼儿呈现正确的行为和规范。无论是教学活动，还是日常的生活活动，教师都要保持"始终如一"的态度。要想强化幼儿对正确行为的认识，除了要告诉幼儿怎么做，还要告诉他们为什么要这样做，使幼儿的行为从"被动地顺从"转化为"主动地遵守"。

2. 积极肯定，正面引导

在幼儿园里，当幼儿出现好的行为时，教师要积极地肯定和鼓励，而不能因为家长"告状"，对幼儿"正确"的行为"一棍子打死"。甚至没有必要在幼儿面前提及家长的"告状"，更要避免一味地说教，要求幼儿在家里也要和在幼儿园一样，这样反而会引起幼儿的逆反心理和厌倦感。

3. 适当退让，逐步发展

自律就是自我约束，即知道该做什么，不该做什么，并且知道遵守规则。幼儿自律品格的形成，自然也要遵循一定的发展规律，幼儿处于"自律"和"他律"的发展过渡期，正逐步形成以内在标准来约束自己行为的能力。但是，幼儿社会性的形成不是一朝一夕的事情，而是一个逐步发展和完善的过程，所以在让幼儿知道自己出现什么行为是受鼓励、受欢迎的基础上，教师也可以做适当的让步。同时利用自己的专业性与家长沟通，让家长明白幼儿产生这种现象的原因，允许幼儿在家里得到应有的"放松"和"偷懒"。

4. 奖励机制，家园共育

对于幼儿来说，他们的很多行为都是由"奖励"和"任务"驱动的，这种奖励可能是精神上的（教师在集体面前的表扬），也可能是物质上的（得到教师分发的五角星）。幼儿园的奖励机制同样适用于家庭。那么如何用好奖励机制呢？首先要给幼儿制定一套统一的标准：在幼儿园里怎么样，在家里也要怎么样。家庭要按照幼儿园的标准要求孩子，让孩子感觉幼儿园和家庭虽然有差别，但该遵守的规则依然要遵守，该完成的事情依然要尽力完成，并且让孩子知道，获得奖励的条件是从幼儿园和家庭两个角度来衡量的。在此基础上，让孩子体验到"好行为"所带来的"收获"，帮助他们巩固正确的行为。

总之，幼儿的"两面性"是家庭教育和幼儿园教育的"断层"造成的，在幼儿身上找原因的同时，作为家长和教师，我们同样需要自省。在家长的眼里，孩子似乎总是长不大，永远是个小小孩；在教师眼里，评价幼儿的标准往往是片面的，在幼儿园表现乖巧的幼儿就是乖小孩。这种"畸形"的观念往往成为催生幼儿异常行为的诱因。

>>> 【举一反三】

幼儿表现出"两面性"的因素有很多,除了幼儿固有的年龄特点之外,也与学习和生活环境有关。除了上文描述的现象,更多幼儿表现出在家"外向"、在外"内向"的特点,这一点也需要教师思考。

(浙江省宁波市鄞州区集士港镇中心幼儿园 陈奇)

难题 9 如何与不同性别的幼儿沟通

大脑的结构不同,使得男孩和女孩思维方式存在差异,看外界的方式也不尽相同。一般而言,男孩调皮,女孩乖巧;男孩更有侵略性,女孩更加温柔、敏感;男孩的数学逻辑能力比较强,女孩的语言表达能力较佳……,那么针对这种差异,幼儿教师应采取什么样的方式与他们沟通呢?

今天的班级活动是区角活动,麦麦(女孩)和宸宸(男孩)一起在美工角做手工,麦麦拿起一根吸管,用剪刀将它剪碎,然后将剪碎的吸管放在做好的彩泥蛋糕上。这时有一个小朋友冲过来,出于喜欢便拿起麦麦做的蛋糕玩,麦麦对他大喊:"不要动我的东西,你会把我的东西弄坏的,你要经过我的同意才能动我的东西!"

这个小朋友没有拿到麦麦的作品,转身又去拿宸宸的作品,宸宸直接用手挡住了小朋友的手,表现出愤怒的样子,大喊一声"啊",并打了小朋友,然后转身继续游戏。

【案例分析】

1. 女孩和男孩拥有不同的思维特征

从上述案例中我们可以看出,在处理矛盾时,女孩通常用语言表达自己的要求,因为女孩大脑中负责表达和处理复杂情感(如忧伤和幻想)的区域更发达。而在上述案例中,男孩则直接用动作表达自己的情绪,因为男孩大脑中处理简单、直接情感(如恐惧和愤怒)的区域更发达。这就是为什么那些让女孩感觉沮丧的东西,男孩却往往无动于衷,而他们更容易在争斗中被激怒。

这些大脑结构上的差别还可以用来解释为什么女孩更容易理解和感受别人的情感,她们在三五岁的时候就能够表现出考虑问题更加周到的特质。相反,男孩表现得更加直接和对抗,他们经常放弃口头表达而选择利用肢体动作来解决问题。

2. 女孩更复杂，男孩更直接

从大脑发展的差异来看，科学家发现，男孩大脑中的语言中枢和情感边缘系统较少，因此他们从小就会试图"做"事，而不是限于"谈论"它。从上述案例中不难看出，男孩直接用肢体动作表达自己的不满，在表达情感和感受方面，男孩更多会付诸行动，这也导致他们做事会有更高的风险和失败率。而女孩大脑的发育速度明显快于男孩，左右半球之间的联系也多于男孩，并且语言发展得更早、更复杂，思维更周全、细致，所以女孩更愿意分享并用语言表达自己的情绪感受。案例中的宸宸在小朋友动了他的作品后表现出了极大的不满，大叫、愤怒、打人，而麦麦虽有不满，却依然选择用语言进行协商，表达责怪。

》【破解策略】

教师和不同性别的幼儿的沟通方式决定了解决事情的进度和效果，因此必须谨慎。

1. 充分了解幼儿的性格特征

男孩、女孩不仅在生理发展上有区别，而且在心理发展上也不相同，教师要牢记这种区别并结合幼儿的性格特征进行沟通。麦麦在游戏中被打断，采取了言语回击的方式，这说明麦麦在语言表达和沟通方面发展得比较迅速，教师可以蹲下来和麦麦进行诚恳的语言沟通，这样更符合她的心理发展水平。宸宸小朋友由于自身发展的限制，更趋向于用直接的动作表达。当他犯错误时，教师首先要做的不是言语上的责怪，而是动作上的安抚，可以适当摸摸他的头，给他一个拥抱，再蹲下来和他沟通，这样才是最好的处理方式。

每个人都是一个独立的个体，所以思维方式、行为方式都有所不同。幼儿正处在思维发展的关键期，教师一定要根据其思维特征进行施教。同时，每位教师都应该掌握多种沟通方式，根据幼儿的性格特征进行沟通。

2. 怎么和女孩沟通

研究表明，女孩的听力通常强过男孩。这种细微的差别在婴儿期的听力筛查中很难被察觉，但是等到他们上学以后就表现得比较明显了。所以，和女孩沟通的时候，首先一定要选择在她有沟通欲望的时候，这样就能得到她充分的聆听，获得更好的沟通效果，如幼儿在因取得成功而高兴的时候，教师要学会与她们分享；在幼儿遇到挫折、受到伤害时，要主动安慰、关心她们。在和麦麦沟通的过程中，教师并没有在她对小朋友大吼大叫之后马上与她沟通，而是特意等她拿作品给教师欣赏时才和她沟通，因此她很容易接受并表示下次会注意，这样既不影响幼儿的情绪，又可以很好地达到沟通的效果。

3. 怎么和男孩沟通

在工作当中，教师发现男孩最缺乏的是更多的动作安抚和更多的交谈。当宸宸用手推小朋友时，老师走过去，轻轻地摸了摸他的头，他抬起眼睛看了看老师，在感受到没有任何"威胁"后情绪逐渐平稳，继续游戏，这时老师把他拉过来，对他说："老师抱抱你好不好？"他点头答应，老师先和他聊了他的作品，他兴致勃勃地和老师讲作品的构造，然后老师借这个机会和他说刚才推小朋友是不对的，他点头，说自己下次一定改正。

当男孩还小的时候，可以在需要的时候要求大人给予拥抱。但是如果他们长大一些还想要别人拥抱，大人们就会觉得不舒服，担心男孩没有男孩的样子。在成人这种态度下，男孩也就渐渐不再提要求了。而当他们试图在同伴之间表达需求时，又会被大人认为具有侵略性而加以制止。因此和男孩沟通时，教师要尽可能放下手中的事，全神贯注地听他讲述。由此，他就能感受到被尊重和鼓励，会很愿意说出自己内心的想法。这有利于了解男孩，帮助他们健康成长。

沟通除了通过言语，还可以借助动作、表情和姿态等非言语形式。心理学研究表明，通过拥抱，人可以得到安全感和信任感，而且焦躁的情绪可以由此得到缓解和平息。当幼儿遇到困难和挫折时，拍拍他的头，再把手轻轻地放在他的肩膀上，注视着他的眼睛，说："不管发生什么，我都会在你身边支持你。"看上去不经意的动作、简单的话语，都会给幼儿传递温暖，送去力量。

根据不同的性别，幼儿可分为男孩和女孩两类，但是不要忘记，男孩有很多种，女孩也有很多种，每一个幼儿都会有不同的性格和需求。教师在沟通中要充分注意这一点。

>> 【举一反三】

面对拒绝沟通的幼儿，教师应该怎么办？

（浙江省永康市实验幼儿园　高永旭）

难题 10 如何与有攻击性行为的幼儿沟通

在幼儿园的一日活动中,我们经常会观察到幼儿在与同伴交往中表现出不同程度的攻击性行为。幼儿的攻击性行为不仅对自身的身心健康、人格发展与人际关系等有消极的影响,而且不利于与其交往的其他幼儿形成安全感、对同伴的信任等。那么幼儿的攻击性行为是如何形成的,有何行之有效的干预策略是我们需要思考的问题。

> 乐乐是一名大班的孩子,但在与同伴的交往中,乐乐经常和其他小朋友发生冲突。为了减少乐乐的攻击性行为,老师将乐乐的位置换到自己附近,便于管理。在一次户外活动中,乐乐将铭铭推倒在地,铭铭爬了起来,两个人便扭打在一起。老师将两人制止后,发现乐乐仍然紧握着拳头,嘴里喘着粗气。老师将两人拉到一边的角落,看到铭铭的脸上有几道指甲痕,于是大声地质问乐乐:"怎么又是你?你怎么又打小朋友了,你为什么老是随便发脾气,你这样,老师真的很失望。"乐乐一边用眼睛斜视老师,一边挥打着小拳头,想要继续打站在一旁的铭铭。
>
> 最终,老师决定终止全体孩子的户外活动,并把乐乐带回班级的反思角,让他静坐 15 分钟,以调整情绪。但乐乐坐在反思角里一会儿摸摸手指,一会儿四面环顾,露出嬉笑的表情。15 分钟后,乐乐又继续进行班级的其他活动。

【案例分析】

上述案例中,教师在处理幼儿的攻击性行为时存在以下几方面问题。

1. 形成消极的刻板印象

许多教师在幼儿重复某些行为后,容易形成对幼儿的刻板印象,导致教师不能公平、公正地处理幼儿之间的冲突。案例中,乐乐在班级里属于有攻击性行为问题的孩子,在长期的互动中,教师对乐乐形成了固定的印象。这会导致教师在评价乐乐的言语行为时出现以偏概全的现象。

从案例中我们可以看出，教师在观察到乐乐与其他小朋友发生冲突后，没有及时地了解事情发生的经过，而是主观地认为冲突是由乐乐引起的，并单方面地给予评价结果。教师形成的刻板印象会造成对幼儿的不正确评价，造成对幼儿行为和情感上的厚此薄彼，不利于形成良好的师幼关系与同伴关系。

2．教师评价带有主观情绪

幼儿正处于成长发展的过程中，他们是不成熟的，会经常犯错，并且这些错误具有反复性。面对幼儿的种种不良表现，教师可能经常会产生愤怒、烦躁、受挫等强烈的消极情绪体验。如果教师在对幼儿的评价与反馈过程中受情绪的影响，那么就不能心平气和地与幼儿沟通，了解幼儿的真实想法。在案例中，教师面对幼儿反复出现的攻击性行为，产生了愤怒的情绪体验。在自我情绪的支配下，教师既没有询问事情发生的起因，也没有关注幼儿的内在感受，而是直接对幼儿采取措施，并造成全班正在进行的教育教学活动被打断，无法正常进行。

3．没有关注幼儿的情绪状态

情绪对幼儿起着非常重要的作用，直接影响着幼儿的行为。幼儿在经历冲突和矛盾后，自身情绪会产生较大起伏。这种消极情绪如果不能及时排解，将引发更多的行为问题。所以教师需要时刻关注幼儿的情绪变化，并及时加以引导。在案例中，乐乐被制止后，情绪仍处于较大的波动状态，但教师没有关注到幼儿的情绪变化，更没能及时引导幼儿正确宣泄因同伴冲突带来的不良情绪，从而导致幼儿出现哭闹、与同伴扭打等问题。

4．没有后续的处理

教师想通过隔离、警告等方式帮助幼儿稳定情绪，这样做起到了一定的效果。我们可以看出，隔离是教师常用的方式，但是幼儿静坐结束后就可以继续活动，达不到"治本"的目的。当隔离结束后，如果教师没有与幼儿进一步交谈，幼儿可能不了解自己行为的不当以及对他人引起的不便，从而导致攻击性行为持续发生。为了改进幼儿的问题行为，教师要采取多元的处理方法，引导幼儿通过叙述冲突发生的全过程以及自己的情绪变化找到问题的症结，从而进一步解决问题。

【破解策略】

教师面对幼儿攻击性行为的态度以及解决策略将对幼儿的同伴交往、人格发展等产生重要影响，因此教师在处理的过程中一定要谨慎、小心。

1. 理解并关照幼儿的情绪体验

（1）**克服自身的情绪体验**。教师在与幼儿沟通前，要克服自身因幼儿的冲突行为而产生的消极情感体验，以免对幼儿的言语行为做出错误的判断，进而引起幼儿的抵抗情绪。教师应控制好自己的情绪，心平气和地与幼儿交流，让幼儿明确自己的行为对别人造成了什么影响，进一步帮助幼儿了解自己的行为。

（2）**安抚幼儿的消极情绪**。幼儿在与同伴产生冲突时，容易产生诸如愤怒、委屈等消极情绪。幼儿受情绪的影响，整个人处于亢奋状态，此时不便于教师引导幼儿解决冲突问题。幼儿受到委屈向教师倾诉时，教师要耐心地听幼儿讲，让幼儿明白教师理解他内心所想，愿意和他进行交流。只有这样，师幼才能产生情感共鸣。这时，幼儿将更愿意与教师倾诉，不仅有利于冲突的解决，还有利于建立良好的师幼关系。

2. 学会倾听并给予幼儿自我表述的机会

（1）**引导幼儿讲述事情的经过**。对于幼儿的攻击性行为，教师要加强与幼儿心灵上的沟通，帮助幼儿分清是非。教师首先要做的是学会倾听，当幼儿讲述的时候，教师尽量不要打断他，要认真地倾听并用眼神告诉幼儿，你在认真地听。当幼儿的叙述过程比较混乱，或者当事人在讲述过程中意见不统一时，教师要用有针对性的提问帮助幼儿梳理，以了解事情发生的全过程。

（2）**摆明教师的立场**。幼儿辨别是非的能力较差，许多攻击性行为都是由于幼儿不明白事理引起的。教师应该以冷静的态度解决幼儿之间的纠纷，分清争执的双方谁是谁非，既不能为了"息事宁人"而对无理取闹的幼儿妥协，也不能给幼儿留下"攻击占便宜"的印象，因为这样做虽然获得了一时的安宁，而实质上却助长了幼儿的攻击行为，不利于其健康成长。

3. 让幼儿体验别人的感受

（1）**引发幼儿的同理心**。要想解决幼儿的行为问题，有必要让他产生情感体验，只讲道理，不能在情感上触动幼儿，更不能从根本上解决问题。教师可以提问："如果其他小朋友也这样对你，你会有什么感觉？"引导幼儿说说各自的理由，再让幼儿换位思考，帮助幼儿站在他人的角度体验情感。例如，当幼儿打了别人，可以让他通过回忆摔倒的疼痛感来体验别人的不舒服。再如玩玩具，要教给幼儿一些基本的社交技巧——别人在玩的时候，你如果想玩，应和别人商量："咱们轮流玩吧，你玩一会儿给我，我玩一会儿再给你。"同时，还应让他体验到，一个人总霸占着玩具，会让同伴觉得难过。

（2）**引导幼儿思考自主解决问题的方法**。在稳定了幼儿的情绪，了解了事情的经过，并引导幼儿对他人产生同理心后，教师要引导幼儿思考解决冲突的方法——"你们打算怎么解决呢？"当幼儿自己解决不了或者双方意见不统一时，教师就要用启发性的语言引导幼儿说出自己的需求，帮助幼儿进行协商。

4．正确面对幼儿的问题，耐心积极地给予指导

（1）**严禁言语威胁**。教师要注意与幼儿沟通时的措辞，不能因为幼儿偶尔出现攻击性行为，就给幼儿贴上"不良孩子"的标签。教师要让幼儿知道自己只是不赞同他在某种特定情境下做出的攻击性行为，而并不是对他有意见，即评价应针对幼儿的行为，而不是人格。攻击性行为的改正是一个漫长的过程，教师要做好充分的思想准备，知难而上，而不要奢望靠枯燥的说教、粗暴的限制、恐吓等方法去处理。

（2）**关注幼儿的自尊心**。首先，不管幼儿犯多大的错误，教师都不应该当着所有孩子的面指责当事幼儿，否则会伤害幼儿的自尊心，甚至让幼儿产生心理障碍。其次，对于非原则性错误，教师要尽量用探讨的语气，采取说服和疏导的办法，解开幼儿的心结。最后，当幼儿犯错误的时候，教师应该及时地给予批评纠正，不能拖延，否则会消弱教育的效果。

（3）**使用积极性的语言**。教育幼儿不能急于求成，需要教师持之以恒，说到做到，坚持原则，多采用积极的教育方法，让幼儿知道什么样的行为是大家喜欢的。当观察到幼儿的行为做出一定的改变后，教师要在群体面前给予幼儿一些积极的鼓励，以强化幼儿的行为。

（4）**运用多种表扬方式**。对于年龄小一点的幼儿来说，恰当的表扬语配合拥抱、亲吻或其他身体上的接触通常比较有效。对于年龄大一点的幼儿来说，低调的赞扬更为有效。比如，教师与幼儿之间有特定的暗号，你眨一下眼或者竖起拇指，都在向幼儿表明，你注意到了他的行为，并为他感到高兴。每个幼儿都不同，教师要善于发现什么样的表扬方式适合不同阶段幼儿的发展水平。

>>> 【举一反三】

面对有攻击性行为的幼儿，如何有效地与其家长沟通，保持教育的一致性呢？

（浙江省台州市天台县实验幼儿园　蒋媽媽）

难题 11 如何与由祖辈养大的幼儿沟通

随着生活节奏的加快，年轻一代压力倍增，工作非常繁忙。所以，很大一部分幼儿是由爷爷奶奶或外公外婆照顾的，这成为当今社会的一个普遍现象。大部分由祖辈带大的幼儿都会出现比较娇气、黏人的现象，甚至会形成很多不良习惯。面对接受隔代教育的幼儿，教师要如何做到有效沟通呢？

幼儿姓名：孙小宝

年龄：四岁

性别：男

性格与交往：内向、很少主动与人交往，常常少言寡语，对外界刺激缺乏积极反应，以自我为中心，不参与集体活动。

父母的职业：爸爸和妈妈是个体户，在外经商。

家庭教育：每天在家几乎都是一个人玩，父母极少与孩子谈心。

其他说明：在家都由姨婆帮忙照顾生活起居，是一名典型的农村留守儿童。

行为表现与特征：答非所问，不愿与人交往，怯于表现；对任何活动都无参与的欲望，整天无所事事，随意玩耍；生活自理能力差。

情境描述一：开学初，家访时孩子"答非所问"。

小宝是一个极有个性的孩子，记得在开学初的家访中，他就给我留下了深刻的印象。到了他家，我发现他的眼睛只盯着电视机，家长叫了好几次，他都没什么反应。后来，小宝的妈妈直接用遥控器把电视机关掉，然后对他说："小宝乖，叫老师好。""我摔到了，我这里摔到了。"小宝指着自己的膝盖说。我很奇怪，一问才知道，原来他上个星期碰伤了膝盖，但是早就好了。后来我又试着跟他交流，就问他："小宝，放假的时候，你都在家里做什么呢？有没有学到什么本领啊？"小宝的回答让我摸不着头脑，他的回答是："姨婆，姨婆，姨婆。"他的眼睛根本没看我，只是自言自语。奇怪，为什么我问他问题的时候，他却一直答非所问？

>>> 【案例分析】

由于父母常年在外经商，小宝都是由姨婆帮忙照看，所以老人在许多事情上都采取一味娇宠的态度，而且姨婆一个人带小宝已经很累了，又要做好家里琐碎的事情，根本没有时间带小宝出门走走，因此造成小宝不善与人交流和沟通，环境适应能力差，社会性行为发展受到阻碍。

家庭教育方式直接影响幼儿的行为。放任型的教育方式主要表现为亲子关系的淡漠。父母与孩子各有自己的活动范围，父母任孩子自由地、不受约束地发展，虽然他们也与孩子进行交流和沟通，但对孩子的行为没有具体的规定和要求。再加上这些孩子在年幼时便与父母长期分开，家庭环境的不稳定使他们缺乏安全感和归属感，产生了较强的孤独感。由于缺乏情感依靠，性格内向，他们在遇到难事时会显得柔弱无助，久而久之变得不愿与人交流。

>>> 【破解策略】

长期的沉默、寡言、焦虑和紧张，极易使幼儿形成孤僻、自卑、封闭的心理，使他们越来越不愿意与他人进行交流。在人际沟通和自信心方面，他们自然比其他幼儿要弱。对此，教师可经常与家长就此情况进行交流沟通，寻找解决方案。根据不主动讲话、注意力易分散等特点，教师可对其进行语言方面的训练，从简单的谈话开始，逐渐增加训练量，多为幼儿创造表达的机会。比如，有意识地为他寻找交流对象，采取鼓励表扬的方法，维护其自尊心，鼓励他交朋友，培养幼儿的语言表达能力。定期上门家访，并请家长来园观看幼儿的活动，互相交流情况，家园配合，制定出正确的训练方法。由于小宝没有社交性的语言交流，只是在不断地自言自语，所以教师从动作开始，让小宝能够感觉到周围有人在关注他，逐渐地，小宝可以在家人的提醒下与老师问好、告别，慢慢与其他人进行更多的交流，从而融入整个大环境。

✍ 情景描述二：离群，不参加集体活动，喜欢念广告词。

进入幼儿园后，每次开展集体活动，小宝从来不坐在自己的位置上，他最喜欢的就是随意地躺在地上，像只蚯蚓一样到处乱爬，寻找一切他认为有意思的东西。有时候老师硬让他坐在位置上，他也把头转到后面去看后墙的风景。

小宝上课从来不举手回答问题，也不跟小朋友交流。平时户外活动的时候，大家一起做游戏，但是他每次只管自己跑去玩大型玩具，老师怎么叫都不回来。他爬上滑梯往下滑的时候无厘头地说了句："温州建国医院，小宝的温州建国医院，专治……电话号码：56889999。"如果教师硬把他从滑梯处拉过来，他就站在那里，用手拼命地拉下嘴唇，怎么都不肯跟小朋友一起手拉手。别人一碰他，他就马上躲得远远的，或者干脆蹲在地上，让别人拉不起他。

》【案例分析】

从上面的案例中可以看出，小宝在入园时存在以下几个问题。

1. 小小记忆王

从家长的口中了解到，小宝在家里最喜欢看电视广告，他的记性非常好，可以记住很多广告词，不管在哪里他都会经常冒出一句广告词来，所以邻居就给他起了一个绰号，叫"广告王"。为此，小宝的父母经常夸奖他，认为他非常聪明，记性特别好。父母及身边人的积极表扬进一步强化了小宝的行为，使得小宝对记忆广告词更加乐此不疲。

2. 矫枉过正

至于上课坐不住的问题，很多孩子的家长也为此感到苦恼。大多数孩子，尤其是男孩，总是顽皮好动，他们精力旺盛，整天活蹦乱跳，有时候连5分钟都坐不住。在幼儿时期，这是一种正常的表现，也是孩子希望引起大人注意的一种方式。但是现在有不少家长片面地通过让幼儿看手机、平板电脑等，控制幼儿的行为，希望他们能安静地坐下来。这种做法无形中增加了幼儿接触各类媒体的机会，对幼儿的身心发展极为不利。

3. 情感需求

案例中的小宝在生活中没有父母的陪伴，缺少父母在情感上的关注和呵护，与外界接触较少，在成长中更是缺少朋友，造成他活在自己的世界，害怕与别人接触。根据小宝的表现，可以看出他希望得到成人的注意，希望得到他人的赞扬。由于他的表现总不能达到老师的要求，于是他就把这种心理满足寄希望于自娱自乐上，因此，满足他的心理需求才是解决问题的关键。

【破解策略】

通过分析，教师要切实把握好幼儿在园的每个时机，用科学的、符合幼儿发展的方法积极引导，随时提出一些幼儿能够接受的要求，规范幼儿的行为。

1. 创设轻松、愉快的环境，多与幼儿沟通

每个孩子都希望得到成人的关注，特别是留守儿童。在游戏活动中，教师可以以同伴的身份融入游戏，逐步使小宝感受到幼儿园像家一样，让小宝在情绪放松、愉快的情境中学习、生活。还可以创造条件，让小宝与小伙伴一起玩耍，并跟祖辈家长及时进行沟通和交流，为小宝提供交往的环境和机会。这样不仅有益于小宝和同伴交往，还有助于他把心中的不快与压抑释放出来，逐渐变得豁达开朗。

2. 通过多种途径，帮助幼儿树立自信

亲子游戏时间或亲子阅读时间是幼儿最喜欢的时刻。留守儿童的父母长期在外工作，无法时时陪在孩子身边，但可以通过视频通话等方式，与孩子在特定时间一起进行绘本阅读或者进行亲子互动。教师可以向留守儿童的家长推荐适合孩子看的绘本读物，如《害羞的贝贝》《鱼儿好朋友》《我爱幼儿园》等，通过阅读绘本，调动幼儿的情绪情感，通过轻松又温馨的亲子互动，唤醒幼儿对交往的渴望。

3. 挖掘幼儿的长处，引导幼儿进行社会交往

在幼儿园，教师要多发掘幼儿身上的闪光点并进行赞许。比如，小宝是一个小小记忆王，可以对他记忆儿歌的能力给予表扬，可以请他带头当小老师，激发他参与到集体活动中来的意愿，使他感受到自己被重视和肯定，让他知道老师和小朋友都是喜欢他的，大家都愿意跟他一起玩。慢慢地，小宝上课注意力集中起来了，参与活动的积极性也提高了。此外，家长在言行、人际交往等方面都应为幼儿树立良好的榜样，这对于幼儿养成良好的性格至关重要。

【举一反三】

幼儿的教育，需要教师的努力，更需要家庭的配合。隔代教育不仅是留守

儿童的问题,也存在于双职工的家庭中。父母因工作忙碌,虽然住在家里,但与孩子的交流有限,参加幼儿园活动不积极,使得孩子逐渐形成了一种失落心理,但无法改变现状。当出现这样的情况时,幼儿园教师又该如何处理呢?

(浙江省乐清市南岳镇幼儿园 郑铃萍)

难题 12 如何与有弟弟或妹妹的幼儿沟通

随着国家二胎政策的出台,越来越多的家庭开始增添或者计划增添二胎宝宝。由于二胎宝宝的到来,父母需要花费更多精力照顾小一点的宝宝。由此,可能导致父母对大宝的关注不够,容易使大宝缺乏监督、关爱,一系列关于大宝的问题会频频出现。家里的大宝开始采用各种招数"夺爱",以期得到父母更多的爱;也有的大宝开始出现负面情绪,经常一个人闷闷不乐,不愿与他人沟通。作为幼儿园教师,我们如何帮助幼儿缓解因父母生二胎带来的负面情绪呢?怎么做可以让他爱上家庭里的新成员,理解爸爸妈妈呢?

月月刚进小班时是一个经常爱笑、非常活泼的孩子。无论是玩游戏还是集体教学,老师总能听到她快乐的声音,看到她笑弯的嘴角。可是刚升入中班,月月经常哭闹着不愿意上幼儿园,跟同伴交往也经常出现攻击性行为。老师刚开始以为月月是暑假在家待久了,对幼儿园失去了新鲜感,又出现了新一轮的分离焦虑。因此老师经常跟月月聊天,关注月月的情况,也与接送月月的奶奶进行沟通,争取家园一起帮助月月度过分离焦虑期。坚持了一段时间,月月的哭闹有所缓解,但她像完全变了一个人,开始不喜欢交流。老师经常向月月的妈妈反映情况,都是月月在幼儿园干的一些"坏"事,月月的妈妈也感到很头疼和无力,说:"自从暑假生了二娃,月月在家里也经常干坏事,很让人头疼。我说也说过,打也打过,但就是没用,请老师多费心了。"老师找月月聊了聊,但作用不大。面对这种情况,老师也很头疼,只能多关注月月。

》【案例分析】

上述案例中,教师对于月月的引导存在以下问题。

1. 主观判断太强

幼儿教师经过专业学习,有丰富的专业知识,加上多年的教学生涯积累了一定的经验。因此当幼儿出现类似情况时,教师总喜欢凭经验进行主观判断;在与家长的沟通中,多运用主观判断进行梳理,试图帮助幼儿解决问题。虽然教师的判断是为了帮助幼儿更好地成长,但是"一万个孩子哭,可能有一万个理由"。所以,教师在帮助幼儿的时候,要基于幼儿本身的需求,少一些主观意识,先从幼儿入手了解原因,这样才能"对症下药"。

2. 沟通不深入

在与家长、幼儿沟通的过程中,教师均停留在表面,不够深入。这样浮于表面的沟通是无效的,甚至有可能破坏彼此间的关系。教师在与月月的奶奶、妈妈沟通时,更多是反映月月出现的问题,让家长一起帮忙,具体怎么做,没有进一步的沟通和指导。教师虽然给予月月更多的关注,但是成效不明显。一味地跟家长反映孩子的"问题",家长难免会对教师心存隔阂,不敢接教师的电话,也不敢主动跟教师交流。教师在与家长沟通时,既要反映情况,又要为家长提供有效、科学的指导;与幼儿沟通时要有针对性地进行引导、助力并且需要坚持强化,只有这样,沟通才会有效。教师要及时向家长反馈幼儿的进步,肯定幼儿的行为,让家长感受到沟通带来的积极成效。

3. 心理认知不够

教师对于二胎家庭孩子的心理发展情况关注不够。月月妈妈反映了这个情况,教师没有深入进行思考,对于月月的心理疏导不够。在幼儿园教学、一日活动的开展中,教师更多关注幼儿外在的、能够看得到的发展,如爱举手、善表达……对于幼儿内在的心理疏导则做得远远不够。当幼儿心理出现问题需要帮助时,教师无从下手或者方法不科学,没法很好地改善幼儿的状况,这些问题都严重影响着二胎家庭孩子的心理健康。

>> 【破解策略】

在二胎家庭孩子的心态调整、心理健康成长方面,教师又可以做些什么,怎么做呢?

1. 把握先机,提前"设防"

"二胎"是当下的热点话题,班级里经常会出现这样要面临妈妈生弟弟妹妹的孩子。既然很多孩子都会面临这个问题，那么将这个话题引入幼儿园教学非常有必要。

（1）**把握先机**。抓住热点，了解需求，才能把握好先机，为幼儿创设良好的心理环境。教师要及时关注幼儿的家庭动态，了解幼儿所处家庭是否有生产二胎的计划或者准备。可以在家访或者家长会时开展一次关于"二胎"的问卷大调查，告知家长面对弟弟妹妹的出生，家里的老大经常会出现的一些典型表现，向家长抛出橄榄枝，征询家长的意见和策略。

- 你认为班级里有必要进行二胎的教育吗？
- 如果有必要，你希望从哪些方面帮助你的孩子？
- 你的孩子是如何看待弟弟妹妹出生这件事的？
- 你在二胎教育的过程中有哪些好的方法？

在问卷统计时，及时反馈家长的需求，肯定家长提出的优秀策略，科学地普及"二胎"家庭孩子良好心理建设的重要性。同时了解孩子对于弟弟妹妹出生的真实想法，以便在班级中有针对性地进行相关主题活动设计。

（2）**提前"设防"**。从幼儿本身与家长的关注入手，及时了解本班家长的想法和需求，教师有针对性地进行相关主题活动设计：可以是一次温暖而简短的谈话活动《假如我有弟弟妹妹》，一次精妙的集体教学《宝宝从哪里来》，也可以是一场奇妙的体验之旅《我来当妈妈》《我来照顾宝宝》……通过主题活动，让幼儿提前感受到有弟弟妹妹是这么幸福的一件事，对弟弟妹妹的到来产生期望；同时，也体会妈妈生孩子、照顾孩子的不容易，产生愿意帮妈妈分担、更加关爱妈妈的心理。

2. 读懂表达，正确引导

新生命的到来，可以给一个家庭带来很多变化。在新生儿诞生后，父母需要花费很多的精力，会将更多的注意力转移到新生儿身上。在满足新生儿需求的同时，对于第一个孩子的关注会相应减少。对于第一个孩子而言，新家庭成员的到来对他的心理冲击是很大的：妈妈怀孕时不能像从前一样经常抱自己，妈妈坐月子还会跟自己分离一段时间……这一切都可能会让他觉得自己不再那么重要了，父母不再像从前一样爱他了，父母更爱弟弟妹妹。所以他会出现退行现象，如哭闹不止、性格大变、产生攻击性行为等。教师要读懂幼儿的情绪表达，正确地进行引导。

下面以幼儿的典型表现为例，谈谈如何正确引导：

（1）**攻击别人，希望得到更多关注**。要让幼儿感受到教师没有减少对他的关爱，当他进步时及时肯定并给予拥抱或者奖励，告诉他与同伴相处的正确方式，这样才会交到更多好朋友，会得到更多的人喜爱。

（2）**经常哭闹，情绪失控**。教师要给予幼儿适当的舒缓情绪的时间，当他哭闹时在旁细心安抚，不要急于让幼儿停止哭闹，这样往往会适得其反。要明白，每个人都有伤心难过的时候，都需要通过一定的方式调节自己的情绪或者管理自己的情绪。所以，当幼儿哭闹时，教师应适当地让他宣泄情绪，待幼儿稳定下来后再加以引导，让幼儿知道"哭过了就过去了"，不要因为这件事一直伤心。其实，身边有很多人可以帮助他，伤心的时候可以找老师、同伴倾诉，大家很愿意帮助他。让幼儿时刻感受到来自老师和同伴的关爱，这样他的负面情绪会逐渐减少。

（3）**不愿沟通，封闭自我**。对于这种状况，教师要秉持"只要功夫深，铁杵磨成针"的信念，对幼儿细心关爱，坚持引导。可以通过鼓励、奖励、激励等方法，引发他进一步的沟通和交流，坚持下来方能见到成效。

3．家园齐力，提升自我

在幼儿心理指导方面，教师和家长需要不断提高自身的教育能力，主动进行关于二胎家庭中孩子教育的学习和研究，取长补短，为孩子提供更多有效的指导方法。通过购买相关书籍、参加专业培训、分享精彩案例等方式，提升自身教育水平。比如，在班级微信群里分享自己的学习成果，分享孩子的良好表现，形成很好的教育互促氛围，这样才能更好、更全面地帮助孩子适应新家庭成员的到来，接纳新家庭成员，爱护新家庭成员。

≫【举一反三】

如果对于二胎家庭中的第一个孩子的教育非常重要，那么对于第二个孩子，教师和家长又该如何引导和教育呢？

（浙江省台州市天台县实验幼儿园　蒋媽媽）

难题 13 如何与爱拿他人物品的幼儿沟通

幼儿爱拿他人物品是幼儿教师在职业生涯中经常会遇到的一个难题，个别幼儿会经常出现这种行为。同时幼儿期是个体成长、发展的奠基时期，要对幼儿的这种行为给予足够的重视。本文旨在通过发现、分析幼儿"偷拿"行为产生的原因，进行有针对性的引导，同时提供相应的解决策略，从而更好地帮助幼儿养成良好的个性品质和行为习惯。

每周五是班级分享日，这次分享的内容是"礼物大交换"。班上的每个幼儿都带来了一份精美的小礼物。幼儿简单地介绍礼物后便开始了交换环节。多多（女孩）拿着手里的乐高拼图在人群中不断穿梭，四处寻找自己喜欢的礼物。这时，童童（女孩）慢慢走向多多，说道："多多，我用芭比娃娃换你的乐高拼图，好吗？"多多看了看童童的娃娃，又看了看自己的拼图，嘴角露出了微笑，点头同意了。于是，多多得到了芭比娃娃并回到自己的位置上玩耍。同组的欣欣（女孩）看见多多拿了漂亮的芭比娃娃，一下子被吸引住了，上前说道："多多，这个芭比娃娃好漂亮啊，我能和你一起玩吗？""不行，这是我的礼物，我要自己玩。"欣欣一听，心里有些难过，在旁看了会儿又回到了自己的座位。

下午放学时段，班级幼儿如往常一样陆续被家长接走。多多由于父母工作较忙，通常是最后一个被接走的。多多和妈妈刚出教室门，她突然又跑回教室，到自己的筐里寻找着什么，大声喊道："我的芭比娃娃呢？没有了。"她妈妈闻讯而来，多多着急地说道："我玩好之后放在筐里的，可是没有了。"说着说着，多多的眼泪禁不住掉了下来。后来，老师在教室找了一遍，并未发现芭比娃娃，最后通过班级群询问是否有小朋友拿错了芭比娃娃。过了1个小时左右，欣欣爸爸留言告知芭比娃娃在欣欣家里，明天一定带回来，丢失的芭比娃娃终于找到了。

>> 【案例分析】

案例中的欣欣在班中已不止一次"偷拿"他人的玩具，之前也有相似的事例发生，有一次班内另一个女孩的玩偶小狗不见了，最后调查发现在欣欣的筐里，而且有时候欣欣会将他人的玩具藏起来或放在其他人的筐里。从以上案例及欣欣平时的表现来看，欣欣产生这种行为可能与以下因素有关。

1. 自我占有欲望的满足

大多数幼儿都有强烈的占有欲望，对自己感兴趣的事物充满好奇并想据为己有。案例中，多多因为想独自享受新玩具芭比娃娃而拒绝与欣欣分享，让欣欣产生了心理落差，导致欣欣对芭比娃娃更充满了喜爱和好奇，希望自己也能拥有这个芭比娃娃。后来，欣欣"偷拿"了多多的芭比娃娃，将他人的物品带回家独享，满足了她内心的欲望。

2. 物权意识的模糊

中班阶段，幼儿的道德感还未发展完善，对物品的归属权呈现意识模糊状态，分不清自己和他人的物品。处理或解决问题时情绪波动大，也会影响自身的行为，不会考虑行为背后的结果。案例中欣欣被拒绝后，显得很难过，又在旁边看了会儿，内心的情绪肯定在上下波动。最后她没有经过对方同意，拿走了他人的玩具，分不清自己和他人的物权。

3. 沟通交往水平的缺乏

中班幼儿已具有一定的社交能力，但仍缺乏交往技巧。案例中，从欣欣说的"多多，这个芭比娃娃好漂亮啊，我能和你一起玩吗"这句话可以发现，其实欣欣已具备一定的交往水平，会先用语言沟通表达自己的需求。但遭到同伴的拒绝后，欣欣并没有做出进一步的回应，即缺少下一步的交往技能，但她的内心又非常渴望得到芭比娃娃，所以只能采取最后的行动。相关研究表明，幼儿刚开始"偷拿"他人的物品，是自身的一种心理活动，主要是在外界诱因的驱使下逐步形成的。以上的问题分析主要指向外在物的驱使，也有可能是其他原因导致欣欣"偷拿"他人物品。

>>> 【破解策略】

依据以上分析，教师对于幼儿私拿他人物品的行为要找准原因，因人而异地采取相应的方法。同时教师本身要重视幼儿的德育，站在素质教育的高度上进行施教，培养幼儿的物权意识，提升他们的社交能力。

1. 重视幼儿的德育

美国心理学家班杜拉认为：人的行为变化不是由个人的内在因素单独决定的，而是由它与环境相互作用的结果决定的。为此，教师应重视与幼儿亲密接触的人群、园所环境等相关因素，实施幼儿德育内容。

（1）**改善教师的德育观念**。现阶段幼儿教师更多偏向于认知类、游戏类、综合类等方面的教学内容，而对幼儿德育的重视程度不够。因此教师本身要多关注幼儿的道德发展情况，平时多寻找、积累这方面的教育素材，抓住生活、教学中的相关契机及时教育。

（2）**增加幼儿德育的机会**。教师在自身重视德育的同时，也要将德育融入平时的教学生活中。每周进行一课时的德育教学，增加授课的频率，加深幼儿在德育方面的感知印象，帮助幼儿习得相关的道德行为，培养幼儿的情感和责任感。

（3）**实践幼儿德育观念的行为**。幼儿在习得德育内容的同时，用"看得见的方式"让相应的行为有所展现。比如，班级开设"德育小标兵"评选活动，师幼共同制定小标兵达标的内容，每周以评选的方式进行良好行为的表彰。同时可开设德育分享会，让幼儿多分享、交流自己或身边有关德育方面的小故事。结合班级活动，充分展现幼儿的德育行为。

2. 帮助幼儿形成物权意识

（1）**榜样示范**。幼儿最多的活动范围为家庭与幼儿园，亲密接触的人群是其父母、老师、同伴等。在家庭或幼儿园中，幼儿父母或教师若需要借用幼儿的物品，也应使用礼貌用语，如："宝贝，这个物品可以借我一下吗？"成人以平等的身份征询原有物品主人的建议，对幼儿起到榜样示范的作用，幼儿即会形成他人的物品需要经过同意才可以拿的意识，认识到这是一种礼貌与规矩。

（2）**厘清概念**。由于2岁左右的幼儿已经产生自我意识，头脑中有了"我的""我自己的"概念，但对"你的""他的"概念又比较模糊。这时就要积极帮助幼儿形成物品所有权的概念。哪些东西是自己的，哪些是他人的；自己的物品可以自主支配，他人的物品要征得别人的同意才能使用。父母要在家中帮助幼儿建立这种所有权的意识，将幼儿的东西与成人的东西分开，也可经常提问"这是谁的物品"，帮助幼儿形成物品所有权的概念。

3．提升幼儿的社交能力

（1）**分析"偷拿"原因**。如上分析，有些幼儿"偷拿"他人的物品是因为物权概念的模糊，有些幼儿是因为缺少一定的社交技巧。本案例中欣欣由于没有玩到心仪的芭比娃娃，内心极度渴望。她可能确实缺少物权意识，也有可能具有"报复"心理，用行动舒缓当时被拒绝的心理状态。所以，教师在面对不同幼儿表现出的"偷拿"现象时，必须了解他们内心的真正想法，采用有针对性的教育策略。

（2）**给予交往"四部曲"**。此案例中欣欣的做法更多倾向于被同伴拒绝导致她很难过，内心又极度渴望而产生的"偷拿"行为。如果教师当时对欣欣的社交能力有所了解，并进行有效引导，也许就会避免"偷拿"行为。平时教师可通过教学活动或随机交谈，将此问题抛给幼儿——"你想要玩对方的玩具怎么办"，师幼相互协商得出以下交往策略：①用礼貌用语去征求他人的意见，比如，"你的玩具真有趣，我可以和你一起玩吗？"②用自己的玩具交换对方的玩具，轮流玩耍。比如，"我这个玩具也很有趣，我和你交换，大家轮流玩，好吗？"③角色游戏的带入，比如，"我们一起玩过家家的游戏吧，这个芭比娃娃当宝宝，你当妈妈，我当阿姨、医生或其他。"④平复幼儿的受挫心态，如果运用以上方式还是不行，幼儿可以安慰自己："我叫爸爸妈妈也去买一个。"或者玩其他玩具来舒缓当时的情绪。

【举一反三】

性格倔强的幼儿一定要在第一时间得到自我满足，但遭到对方拒绝后，屡次"偷拿"，面对这样的幼儿该怎么办呢？

（浙江省宁波市第二幼儿园　戴维）

难题 14 如何与父母残疾的幼儿沟通

每一个孩子都是快乐的天使,都是父母的掌上明珠,也理应获得自由快乐的成长空间。然而,有的孩子没有那么幸运,他们的父母是残疾人。特殊的成长环境、同伴的嘲笑抑或他人的"有色眼镜"会使这部分孩子的心理发展受到一定的负面影响。那么,如何与父母残疾的孩子沟通,化解他们心中的疙瘩,让每一个孩子都快乐、健康地成长呢?

🔗 小 A 的父母都是聋哑人,他平时入园离园都是由爷爷奶奶负责接送。进入大班以后,小 A 不像以前那么活泼开朗了,在幼儿园里表现得非常内向,也不愿意主动和别的孩子交流,每次自由活动都会选择一个人安静地在一边看书,或一个人发呆,这也引起了班级老师的关注。

场景一:又到了一学期一次的家长开放日活动时间。因为这一天,爸爸妈妈能陪孩子一起来上幼儿园,所以班级的孩子们都表现得特别兴奋,唯独小 A 闷闷不乐。原来,小 A 的爸爸妈妈没有来参加开放日活动,是小 A 的爷爷来参加的。今天教学活动的内容是绘本《我爸爸》,课堂气氛特别热烈,其他小朋友都纷纷举手发言——"我爸爸是大力士,他的力气可大了!""我的爸爸会讲故事,他什么故事都会讲!"孩子们纷纷讲述着自己心目中的"超级老爸",这也引来了在场家长们的哄堂大笑。但是老师注意到,小 A 坐在角落里,一个人默默地流眼泪。

场景二:闲暇的午后时光,孩子们刚吃完午饭,老师带着孩子们在操场散步。这时候,远远地走过来一个中年男人。他朝着老师腼腆地笑一笑,然后开始用手语比画,老师恍然大悟,原来他是小 A 的父亲。小 A 先是一愣,然后红着脸,小声地说:"这是我的爸爸,我今天有事要早点回去。"小 A 父亲"特别"的打招呼方式,也引起了班级其他孩子的好奇心。"小 A,他是谁啊?""他是你的爸爸吗?""小 A,我从来没见过你的爸爸哎!""我知道,这是手语,你爸爸是不是不会说话啊!"班级的孩子们你一言我一语地向小 A 抛来一连串问题,小 A 一脸尴尬,头也不回,甚至没有等他的爸爸,转身就跑了。🔗

≫ 【案例分析】

　　进入大班以后，幼儿的认知和社会性发展速度加快，在一起生活、游戏时彼此之间常常进行交谈，经常有意无意地相互比较，抑或相互介绍自己的家庭或家庭成员等。这时候小 A 开始慢慢注意到自己的家庭和其他幼儿的不同：为什么其他孩子都是爸爸妈妈来接送或参加活动，自己却一直是爷爷奶奶？为什么自己的父母不能像其他小朋友的父母一样和自己聊天？久而久之，小 A 慢慢产生了自卑心理，他期待爸爸妈妈来幼儿园，但是又怕小朋友嘲笑自己，渐渐地变得不爱说话了，也很少和老师进行交流，导致性格日趋内向。照这样下去，小 A 的成长势必会受到很大的影响。

≫ 【破解策略】

1. 温馨氛围，正确引导

　　对于这类"特殊"的幼儿，教师必须关注他们的心理发展。担心外界的眼光和嘲笑是残障人士家庭中的幼儿成长必经的过程。然而重要的是，如何让这个过程变得不那么"刻骨铭心"。作为教师，首先要给予这类幼儿一个宽松温馨的班级氛围，可以在日常生活和教育教学中，通过晨谈、聊天或者社会体验等多种方式，让班级幼儿知道，在我们的身边存在很多和我们不一样的人群，他们因为各种因素导致身体有缺陷。但是，也有很多残疾人在某些方面，甚至比我们正常人做得更棒（比如，高位截瘫的作家张海迪、失聪的音乐家贝多芬等），让幼儿们知道残疾人和普通人一样都是平等的，我们对待残疾人的态度应该是关心、关爱，而不是讥讽、嘲笑。

2. 一视同仁，不搞特殊

　　从案例中可以看出，父母残疾的幼儿相较于正常家庭的幼儿会表现得更加敏感和内向。其实，他们渴望得到他人的公平对待，而不是异样的眼光。所以，当幼儿对残疾人有了正确的认识以后，教师对待这类幼儿的态度，应该和对待其他幼儿一样，不搞特殊。让他们感受到自己和其他幼儿一样，都是班级的一分子。父母身体上的缺陷，并不会影响他们正常的生活、学习、和同伴交往。

3. 家园同心，共同疏导

要想让孩子摆脱心理包袱，幼儿园和家庭需要协力配合。教师也要用多种方式和孩子的父母进行沟通，反馈并交流孩子在园的情况。引导父母在家为孩子树立正确的榜样，不要在孩子面前以负面的方式提及身体的残疾，更不要避而不谈。

父母自己内心强大起来很重要，正确的方式是向孩子传递正能量："虽然爸爸妈妈在某些方面看起来不太一样，但是我们和其他人一样地努力过着开开心心的生活。"这样能够避免孩子在成长的阶段产生"我们和别人不同"的意识，让孩子看到自己的爸爸妈妈同样很棒。在条件允许的情况下，教师还可以邀请聋哑人父母来园，和其他孩子一起做游戏，或者教孩子们手语，这样他们的孩子就会自然而然地对父母产生钦佩的情感，也能帮助他们更好地融入集体生活。

>> 【举一反三】

随着幼儿年龄的增长，他们会对父母的职业、家庭环境进行评价和比较。针对这类现象，教师又该如何引导幼儿正确认识呢？

（浙江省宁波市鄞州区集士港镇中心幼儿园　陈奇）

难题 15 如何适当地表扬和批评幼儿

幼儿的成长如同一棵小苗一般，需要外界的扶持与帮助，否则难以长成一棵参天大树，因此幼儿的成长离不开成人的引导，而表扬和批评则是其中最为常见的指引方式。这两种方式运用得合理、得当，将对幼儿的发展产生积极影响。随着现代教育的发展，成人的表扬与批评更加趋于科学化、合理化，不再像以前一样具有武断性和片面性，因此对于教育工作者来说，在日常教学活动中适时、适度地表扬和批评幼儿显得尤为重要。

树树是班级里出了名的"调皮大王"，几乎每天都能在教室里看到他的顽皮表现。由于幼儿园即将开展大合唱比赛，这天上午学习活动过后，每个班级都在用心准备。比赛时要用到一个扇子的道具，需要小朋友在短时间内把扇子打开。由于大家都是第一次接触，因此专门留出一段时间进行练习。

所有的小朋友都在好好练习，只听角落里传来"嗤嗤嚓嚓"的声音。老师回头一看，发现树树拿着扇子正在那里当武器玩。"树树，请你专心练习！"老师第一次出声提醒了树树。树树收好扇子，专心地练了起来。

练习了一段时间后，老师要求小朋友在拿扇子的时候把手肘架起来，并把扇子竖起来拿好。这时候，老师发现树树的动作没有做到位，就走过去帮助他纠正动作，可是老师刚走开，树树的手就歪歪斜斜的，身体还在那里不停地摇晃。"树树，请你看一下你旁边的云云是怎么拿扇子的，赶紧站好，不能再乱动了。"老师第二次出声提醒了树树。树树这才回过神来，赶紧做好动作。

排练进入正式的演唱环节，需要小朋友边唱歌边做动作。在第一次排练中，老师纠正了其中一些问题。接下来就要进行第二次排练了，树树的注意力好像又没有那么集中了，中间的动作有些跟不上，老师暂停了一次。再次排练，树树因为开着小差，结果又做错了，全班的排练再次因为树树而停了下来。老师很生气，批评了树树，并叫他走出排练队伍，好好观察一下其他的小朋友是怎么排练的。

树树红着脸看了一遍后，重新回到了队伍里。这次树树打起了精神，动作也很利索，没有出错。老师看到了树树的改变，表扬了树树："树树，你现在的表现很棒，要继续加油。"树树排练得更加卖力了。

【案例分析】

在上述案例中，我们可以看到树树是一个注意力容易分散的孩子，而且不太容易听指挥，做事情时比较随心所欲。通过与班级老师的沟通，可以了解到树树在日常的学习活动和生活活动中也存在不少问题，常常会和老师"作对"，让老师感到颇为头疼。

1. 没有教育不好的孩子，只不过有时候没有找对方法

本案例中，树树在整个排练过程中从自由散漫逐步转为专心致志，说明每个孩子都是一块可雕琢的璞玉，可以通过外界的努力使之发生改变。树树的主要问题在于注意力不集中，一会儿玩耍，一会儿跟不上动作或做错动作。老师正是发现了这个问题之后，一步一步引导他集中注意力，并没有因为他表现得不好而放弃他，听之任之。

2. 老师的批评和表扬具有循序渐进的特点

本案例是一个批评和表扬有机结合的典型事例，老师一开始发现树树存在种种问题时，并没有马上叫他停止排练，而是先使用语言进行提醒，制止他的不当行为。当老师发现树树的动作做得不对时，提醒他去看一看旁边做得正确的幼儿。当老师再次发现树树跟不上动作的时候，这才严肃地批评了树树。由此看出，老师在之前给了树树很多次改正的机会，但是收效甚微，需要给予树树一些心理强化，这才有了批评。但是当树树的行为有了改观时，老师及时表扬了树树，给予他正面的心理强化，帮助他建立自信心，这对树树提高参与排练的兴趣、积极性和认真程度都有较大的帮助。

【破解策略】

面对3—6岁的学龄前儿童，教师在运用表扬和批评时要慎重一些，需要注意以下几点。

1. 表扬和批评要结合幼儿的年龄特点

每个幼儿都渴望被表扬，不希望被批评。对于小班刚入园的幼儿，可以在一日生活中多给予一些正面的肯定，这样能够帮助幼儿尽快适应幼儿园的生活，而且情绪能够得以稳定。中大班是幼儿养成良好的生活习惯和学习习惯的重要时期，也是幼儿初步具有辨别是非能力的重要时期，教师在教育的过程中需要让幼儿了解什么是正确的、什么是错误的、什么事情可以做、什么事情不应该做。这时候，适度的批评就显得很有必要了。

2. 有意识地增强表扬和批评的指向性

在日常工作中，尤其是对于入职不久的新教师而言，他们对于表扬和批评的理解也许仅停留于字面上的意思。常常能够在教室里听到这样的声音，比如，"××，你真棒！""××，你再这样老师要生气了！"这些话语虽然没有错，但是它们有一个共同的特点：指向性不明确。"××，你真棒"，到底是幼儿做了什么事情真棒呢？什么样的行为值得教师的肯定，也可以让其他的幼儿借鉴和学习呢？"××，你再这样老师要生气了"，到底是什么样的行为会让教师生气呢？幼儿不应该做什么？正确的行为应该怎么做？虽然教师在表扬和批评幼儿，但是很多时候幼儿往往不清楚自己为什么被表扬或者为什么被批评，应该怎么做才是对的。因此，增强表扬和批评的指向性是尤为重要的一件事情。

3. 让幼儿知道表扬和批评都是基于教师的爱

很多时候教师表扬完或者批评完幼儿就没有后续了。幼儿都是天真无邪的，很多幼儿往往会觉得老师表扬自己是喜欢自己，而批评自己就是不爱自己，这样的想法源于教师处理方式的不到位。教师在表扬完或批评完幼儿后，可以追问幼儿："××，你觉得老师为什么要表扬（批评）你？"如果幼儿回答不上来或者回答得不对，要告诉幼儿："老师表扬你是因为这件事你做得好，老师喜欢你，希望你能够继续保持。老师批评你是因为老师很爱你，希望你能够变得更好。"无论是表扬还是批评，时刻让幼儿感受到它们都来自教师满满的爱。教师的关爱是表扬和批评的本源。

>> 【举一反三】

　　如果说表扬和批评幼儿需要适度,那么教师如何做才能让表扬和批评更具"艺术性"呢?

(浙江省宁波市宝韵音乐幼儿园　费蕾)

难题 16　插班教师如何与幼儿沟通

在日常生活中,我们经常听到"插班生"这个词,但很少听到"插班教师"这个词。其实,在幼儿园工作中,中途插班对于很多教师来讲并不陌生。在实际工作中,插班教师不仅要面对陌生的幼儿,还要学会与班级另外两位教师合作,适应一个班级已经形成的固有模式。更重要的是,还要与不同的家长建立好关系。所以,"插班教师"有更多无形的心理压力,那么如何在短时间内与班级老师有效配合,了解班级幼儿,密切联系家长,从而顺利地开展工作呢?

　　在一次学期末结束时,小一班的罗老师因为特殊情况要离开原来的班级。即将带完大班的我被告知要接手罗老师的班级。第一次做插班老师的我,怀着忐忑的心情,时不时地往小一班跑,向小一班的老师们了解一些小班幼儿的情况,如他们的姓名、性格特点等。孩子们怀着好奇又警惕的心情,看着我这个陌生老师,心里满是疑问。期末放假时,我在罗老师的邀请下加入了小一班的家长微信群,罗老师将我介绍给了家长们。大多数家长在微信群里热情地欢迎我的加入,但也有个别家长通过微信和我私聊说:"希望老师能尽快适应班级里的孩子们。"这让我深深地感到了家长们对我的期待,我的心情更加焦虑了。

　　新学期开始了,在晨间接待时,萌萌的外婆送完萌萌迟迟不肯离去,一副欲言又止的样子,我上前问道:"外婆,你是有什么事情要交代吗?""我就是想找王老师问问萌萌最近的情况。"离园前,家长们也是围着班级原有的两位老师热情地了解情况,我只能在边上干着急,心里感到很沮丧。

【案例分析】

上述案例中的,"插班教师"存在以下几方面问题。

1. 未与幼儿建立起亲切感

怎样赢得幼儿的心,是插班教师在插班过程中首先要解决的问题。在案例中，插班教师有想要了解幼儿的意识，能够主动向原先的老师了解幼儿的姓名和性格特点。但仅向教师了解是不够的，还需要蹲下身来与幼儿真诚地沟通，参与到幼儿的游戏中去，让幼儿感到安全与愉悦，这样才能更快地与幼儿建立亲近感。

2. 未与家长建立起信任感

案例中的插班教师选用加入微信群的方式进入新的班级。现在网络发达，聊天工具也多种多样，班级微信群、班级 QQ 群都是开展班级日常工作、与家长沟通的便捷途径。但是网络沟通有利也有弊，对于突然加入班级微信群中的插班教师，家长们从来都没有与其面对面地沟通与交流过，又何来的信任可言呢？

3. 消极的情绪

新班级的班风、班情早已呈现了一个固定的模式，作为插班教师，要积极地面对问题。很多人处于新环境中都会产生戒备心理，插班教师面对新班级带来的这些烦恼，以消极的态度应对，如看到家长对原班级的教师热情而对自己冷淡，抱以退却、避让的心态。"他们不来找我就算了"，这样的消极态度只会让自己处于劣势，严重影响着插班教师是否能够顺利融入新班级。

【破解策略】

教师是班级的管理者、组织者，作为插班教师，不能一味"顺其自然"，而要让新的集体接纳自己，同时还要更好地开展工作。插班教师如何才能让幼儿和家长对自己敞开心扉呢？怎样才能成功管理新的班级呢？这不仅需要时间，还需要积极的心态与合理的方法。

1. 熟悉幼儿，关爱幼儿

幼儿是班集体的核心。建立起良好的师幼关系，让幼儿提前与你熟悉并喜欢上你，是插班成功与否的关键。

（1）**亲近熟悉幼儿**。亲切友爱的态度是走进幼儿的第一步，也是赢得幼儿喜爱的必要条件。插班教师可以在插班前以游戏伙伴的方式进入幼儿的游戏，和幼儿在游戏中成为好伙伴、好朋友，自然而然地拉近与幼儿的距离。一个微笑、一个抚摩、一个拥抱可以让幼儿逐渐喜欢上你，与你建立亲近感。

（2）**细致了解幼儿**。俗话说得好，"知己知彼，百战不殆"。家访不仅可以最快地了解幼儿的性格特点、生活习惯以及兴趣爱好，还可以与家长进行面对面的沟通与交流，增进与家长的熟悉感。同时教师要用自身的专业素养感染家长，给家长留下一个好印象。

（3）**平等关爱幼儿**。平等地关爱每一位幼儿，这是教师的基本素养。但是在日常工作的过程中，那些性格活泼或调皮捣蛋的幼儿很容易引起教师的注意，内向且表现低调的幼儿则很难对教师敞开心扉。插班教师可以尝试用自己的"陌生身份"，多多关注这些性格内向的幼儿，让他们摆脱过去的心理束缚，说不定会有意想不到的收获。

2. 对待家长，主动真诚

家长工作是班级工作的重点。没有家长的支持与配合，班级工作就难以开展，而且家长对教师的评价也体现了教师工作的成效。经过之前一段时间的相处，家长们已经适应了与原来班级教师的相处模式，对插班教师感到陌生，且往往将其与原来的教师进行比较，这是人之常情。插班教师要想赢得家长的认可和支持，需要付出更多的努力。

（1）**热情对待家长**。热情主动地与家长进行沟通，拉近与家长之间的距离。利用来园、离园的时间热情主动地与家长沟通幼儿在园的情况，从细节入手，让家长感受到教师对幼儿的关注，赢得家长的信任。

（2）**向家长展示自己的专业素养**。插班教师应该在各项活动中主动创造机会，积极展现自身的专业素养与个人魅力。例如，在新学期开学前组织亲子见面会活动，在游戏中拉近自己与幼儿、家长之间的距离，同时让家长看到自己的专业能力；也可以在家长会或家长开放日展现自身的教育理念与教学风采。多通过班级QQ群、微信群与家长沟通，传递教育新理念。让家长逐渐了解你、信任你、认可你！

（3）**真诚对待每一位家长**。以真心换真心，要想做好家长工作，一定要合理计划，细心安排。和谐的班级氛围能够让班级、幼儿以及教师得到更快的发展。插班教师要始终怀着一颗真诚的心，化被动为主动，对待幼儿亲切友爱，对待家长多沟通、勤反思、多理解，由此顺利地融入新班级。

》》【举一反三】

插班教师如何与班级中的另外两位配班教师相互合作，形成新的默契，使班级管理工作有序、顺利地开展呢？

（浙江省宁波市第二幼儿园　郑志玮）

难题 17 男教师如何与幼儿沟通

随着现代幼儿教育的发展和现代幼儿教育观念的转变，越来越多的男性教育工作者加入幼儿教育的队伍中，形成了一股不容忽视的力量。然而在幼儿园里男教师毕竟是一个特殊的群体，作为刚入职的新老师，如何与幼儿沟通往往是摆在他们面前的难题。本文以一线幼儿园男教师的视角出发，谈一谈男教师与幼儿沟通的方法以及促进师幼关系的小妙招。

案例一：A老师是一位刚毕业的幼儿园男教师，对于幼儿园教师这个熟悉又陌生的岗位，心里感到既忐忑又有点激动。本学期，他被安排到新小班担任副班主任，作为幼儿园新来的男老师，班级家长对他很热情，他也得到了园长的认可，这在一定程度上打消了他的顾虑。开学初首要的工作是让孩子们适应幼儿园的生活，缓解分离焦虑，但是他发现孩子们一见到他就哭个没完，怎么哄、怎么劝都没有用，孩子们好像更加喜欢女老师。自己班级孩子适应幼儿园的速度也慢于其他班级。"是不是我不适合当幼儿园老师呢？"这让他陷入了深深的迷茫之中。

案例二：B老师在幼儿园已经工作多年，也是一位带班教师。在幼儿园里，不管是对自己班的孩子，还是对其他班级的孩子，他都表现出极高的热情，也受到家长们的一致好评。在幼儿园里，他不仅仅是老师，更能和孩子们玩在一起，成为孩子们心目中的偶像，孩子们也特别愿意听他的"指挥"。常常可以在孩子们中听到这样的声音："哇，老师，你好厉害啊！你的力气真大！""哇，你可以跳那么高。"因为有了"偶像"的力量，相较其他班级的孩子，该班的幼儿更有冒险精神，在身体和智力等方面的发育都更好。

案例三：C老师毕业后进入幼儿园工作，在幼儿园里担任专职体育老师，专门负责中大班的体育课教学、每天的早操以及幼儿园运动会等大型活动的组织。孩子们特别珍惜一周一次的体育活动，他所组织的活动的运动量和趣味性也超过了一般女老师组织的活动。他是幼儿园里孩子们的偶像,孩子们还给他起了一个好听的名字——哥哥老师。⑧

》【案例分析】

以上三个案例描述了幼儿园男老师两种不同的工作状态——幼儿园专职教师和带班教师。在大部分幼儿园里,男教师的角色都定位于专职的体育教师或者专科教师,负责执教体育类、艺术类等活动。但是也有一部分男教师被安排在一线岗位上,组织幼儿的一日生活。两种不同的工作方式有着较大的差异,势必使得男教师在与幼儿沟通和交往中也存在着巨大的不同。

1. 幼儿园专职教师

在幼儿园中,专职男教师执教班级一般较多,接触的幼儿也较多,幼儿往往会因为其组织的特色活动有趣或者男教师所带来的新鲜感而特别喜欢男教师。男教师拥有的阳光、直率的特质也让他们有了一大群的"小粉丝"。但是因为指导的班级人数较多,男教师对幼儿的性格和个性无法更好地了解,容易造成与个别班级中特殊幼儿的沟通存在困难的情况。

2. 幼儿园带班教师

和专职教师相反,带班教师在班级里的时间较长,需要负责一日活动各个环节的组织和开展,包括照顾幼儿的生活等保育工作。相对于不用带班的专职男教师,带班的男教师在初次接触幼儿时会遇到更多困难。尤其是幼儿刚进入幼儿园时,幼儿因为年龄特点会对男性教师产生更多恐惧、抗拒的心理,较之女教师,男教师需要更多的精力和耐心,也存在着较大的心理压力。但是随着幼儿的分离焦虑逐步缓解,幼儿将越来越认可男教师这个"爸爸"的角色。男性特有的"勇敢""果断"等优秀品质,会对幼儿起到一定的示范作用,对幼儿个性的形成起到积极的作用。

进入幼儿园后,男教师首先要摆正自己的心态,转变观念上的误区。很多男教师进入工作岗位后,往往主动请园长安排自己做幼儿园的专职教育工作,不愿意带班。这种观念显然是错误的,男教师在进入幼儿园后首先要对自己有准确的定位,无论是专职教师还是带班教师,都是幼儿教育的参与者、奉献者。以下是几位幼儿园男教师就促进师幼关系使用的策略。

>>> 【破解策略】

1. 平等地对待幼儿

幼儿园教育中常常可以听到这么一句话——蹲下来和孩子交流。这句话也充分体现了教师应有的教育观：平等地对待幼儿，男性教师在与幼儿的沟通中也应如此。特别是刚入园的幼儿，往往会因为男教师的身高、体型等因素对教师产生畏惧心理，这时候和幼儿保持平等的交流，会让幼儿形成安全感，也有利于幼儿对你产生认同感。幼儿园里可能会有这样的现象：男教师常常被"邀请"到各个班级扮演不同的角色，一会儿是"警察叔叔"，一会儿是"医生叔叔"。"你再不听话，就让这个叔叔把你带走！"以此来对付班级中个别不听话的幼儿。其实这种做法是错误的，短期可能的确会起到一定的效果，但长此以往可能会对幼儿的发展和规则意识的形成起到负面作用，更不利于教师与幼儿正常沟通。

所以，男教师和幼儿沟通时首先要耐心地了解幼儿的心理特点和年龄特点，尝试走进幼儿的内心世界，蹲下来平等地和他们进行交流。从专业的角度出发，幼儿期孩子的行为往往会受到认识水平、心理发展水平的限制，做出在成人眼里看来可能是错误的行为，但是在幼儿的内心世界中，每一次尝试都是探索和自我成长的过程。因此男教师更要蹲下身来，用心去体会幼儿在某一情境中会怎样思考、行事，要多一些宽容和体谅。以平等的、与朋友谈话的口吻与幼儿交谈，给予幼儿质疑和争论的机会，与幼儿达成一致的观点，这是与幼儿沟通的第一步。

2. 树立榜样形象

幼儿因为年龄特点，喜欢模仿大人的一举一动，这往往也是幼儿学习技能、探索世界的一种方式。幼儿在成长的过程中需要一个"标杆式"的人物。在幼儿园里，男教师显然比女教师更适合这个角色。正如案例所描述的，男教师在幼儿园里常常会成为幼儿心目中的偶像，对于幼儿来说，男教师的行动亦是一种交流的方式。

幼儿园的教育往往就变成了"请你跟我这样做"的小游戏，男教师更要做好言传身教的好榜样。如果想让幼儿总是依照教师预想的那样行事，那么首先要让他们看到教师的正面行为。比如，如果你希望幼儿养成坚强的品质，那么你就要在幼儿面前展示出足够的坚强；如果你想要幼儿养成尊重他人的品质，那么你就要让他们看到你的表现，比如，日常和其他教师、保育员的相处方式。

3. 体现男性特质，关注性别差异

在幼儿园的教育教学中，男教师的一大优势就是男性特质。男教师思维活跃、想法多、有创造力，而且相较于女教师，知识面往往更广，这也是和幼儿沟通时的"聊资"，有利于发现更好的师幼沟通方式。

从性别角度分析，男孩和女孩在性格、语言、行为等方面都有明显不同。幼儿园里常常有这样的"淘气包"小男孩——他们的世界充满"暴力"，比如，提到警察叔叔，男孩常常流露出崇拜的表情。他们喜欢打打杀杀的游戏，喜欢在活动室里跑来跑去，玩得不亦乐乎，让女教师感到头疼。而治得了这些"淘气包"的恰恰都是男教师。

对于很多女教师不能理解的"暴力"行为，男教师可以从男性的角度对幼儿进行疏导，从幼儿的性别特点出发去思考：试问哪个男孩不喜欢打抱不平、伸张正义的英雄形象？和幼儿谈谈他们喜欢的"奥特曼""超人"未尝不可，这也更能得到幼儿的认可。帮助幼儿树立正确的英雄形象，而不是一味地制止和否定，也许就能让"小淘气包"变成"小男子汉"。

幼儿园男教师是一份幸福的职业，也是一项需要用心去做的事业。除了父母之外，幼儿园教师是幼儿在生活中最信任的伙伴、最亲近的人，无论是对幼儿还是对教师，这都是一件无比幸福的事情。

>>> 【举一反三】

走上幼儿园教师这个工作岗位后，男教师也会接触到不同性格、气质、爱好的幼儿，那么又该如何与个性不同的幼儿沟通呢？

（浙江省宁波市鄞州区集士港镇中心幼儿园　陈奇）

第二章

如何与家长沟通

良好的家园沟通能实现教育的合力,解决很多棘手的幼儿教育问题。然而,在现实生活中,教师都会在家园关系的处理上遇到各种问题和困惑,为此他们会感到苦恼而不知所措。比如,如何与负能量的家长沟通?如何与喜欢私下建立小团体的家长沟通?等等。

其实,沟通是双向的,它是一种传递信息的手段。教师与家长的沟通都是为了一个共同的目标,那就是教育好孩子,这是家园共育的基础。此外,真诚的态度、将心比心的换位思考也是沟通的一剂良药,会使沟通获得更好的效果。在与家长的沟通中,幼儿教师需要锤炼外交官一样的语言艺术,让每一位家长参与到教育中来,成为共育的合作伙伴,这理应成为每一位幼儿教师在专业成长方面的追求。

难题 18 如何与特殊幼儿的家长沟通

家园合作，是幼儿园和家庭都将自己看作促进幼儿发展的主体，双方积极主动地相互了解、相互配合、相互支持，共同促进幼儿身心发展的过程。而在幼儿园，常常有这样一些幼儿，他们在某一方面或某些方面的发育落后于正常幼儿，例如，智力落后、学习困难、语言障碍、情感行为障碍等，常被称为特殊儿童。特殊教育的真正意义并不应局限于幼儿园的教学，家长是教师的有效资源，教师要挖掘其潜力，做好家长工作，促成家园共育。

因为幼儿的特殊性，做好正常儿童和特殊儿童的家长工作就显得尤为重要。只有家园双方相互配合，勤于沟通，才能全面了解幼儿的情况，为幼儿的健康成长创造和谐一致的环境；只有彼此接纳、互通有无，才能真正帮助特殊儿童在班级中更好地学习和成长。

小远（化名）是我们班的一个特殊孩子，他是一名早产儿，出生时只有两斤六两，经专家诊断为智力发育迟缓。他的口语发展缓慢，到现在为止，他还不能清楚地表达自己的需求，老师平时与他的沟通基本无果，只能进行简短的一两句对话。一个学期下来，他叫不出班里老师的姓名，每天坐在凳子上的时间不超过五分钟，还伴有严重的攻击性行为。其他小朋友在进行区域活动或集体活动时，他经常会搞破坏或随意用玩具砸班里的小朋友，给他们的身心健康都带来了严重影响，对此，其他家长的意见很大。可是小远的运动能力却超强，甚至比正常孩子发展得还要好，一不注意，他就在走廊上或大型玩具上随意乱跑乱爬，老师根本"追"不上他。他的种种行为给班级正常工作的开展带来了诸多负面影响。

小远的父母离异后他跟随爸爸生活，所以我们常常与小远的爸爸进行沟通，可是每次沟通的效果都不佳。如果跟他谈"小远今天又爬哪里哪里了"，小远的爸爸除了跟我们谈他与前妻的家事以外，还表示自己近期很忙，没有时间管孩子，有几次甚至聊几句就急着要离开；要是跟他反馈"小远今天用积木砸到某小朋友了"，他就会回家怒斥，甚至动手打骂小远。

》【案例分析】

仔细分析上述案例，可以发现存在以下几方面的问题。

1. 家长的安全意识不够

首先，从教师与家长平时的沟通交流中发现，小远的爸爸并没有意识到孩子这些特殊行为的严重性，认为自己的孩子就算调皮也不会造成什么太大的影响。这和幼教工作者的想法存在很大的差异，老师往往会考虑到"最坏"的结果，毕竟安全无小事；而小远的爸爸似乎没把自己孩子的行为当一回事，认为孩子年龄小、不懂事，在与同伴交往的过程中产生矛盾是正常的，不必大惊小怪，就算真的打到人，道个歉，说声"对不起"也就没事了，毕竟小远是一名特殊儿童。

2. 家长对自己孩子的认识不够

小远的爸爸虽然知道自己的孩子与其他孩子存在个体差异，可是在他的观念里，孩子送到幼儿园，就是要教师来教育的，希望教师能把他教成像正常孩子一样，自己就可以放松地做自己的工作了；另一方面，他并没有觉得自己孩子和其他孩子之间有很大的差距，所以也没有产生对孩子进行针对性治疗和培训的想法（因为有证书证明其特殊性，所以国家每年给予小远两万元培训费用作为补助）。

3. 教师缺乏换位思考的意识

该家长生活状态不尽如人意，与妻子离婚，又要照顾孩子，外加工作的压力，来自多方面的困境会让其压力倍增。作为教师，缺乏换位思考的意识，虽说理解家长，却没有设身处地地站在家长的角度去思考。当小远出现问题时，教师并没有针对性地进行沟通，更多的是向小远的爸爸反映综合性的问题，在沟通的语气方面并没有特别在意家长的感受。

》【破解策略】

1. 换位思考，适时调整

教师要学会换位思考，想家长之所想，急家长之所急，寻找让家长能够接受的解决问题的方法或途径。在与家长的交流中，教师要能生动地描述出幼在幼儿园某一环节的表现，家长会从你的言谈中自然地感受到你对幼儿的关爱、重视，并留下教师工作细致、认真负责的好印象，从情感上双方就很容易进行沟通。而在与家长的沟通中，对于孩子的特殊行为表现，教师应一次只说一个方面，只解决一个问题，而不是把幼儿所有的特殊行为表现都罗列一遍，这样有利于增强家长的心理接受程度和配合程度。

2. 冷静克制，刚柔相济

在处理特殊儿童的问题上，教师自己都做了哪些工作、取得了什么成效，要先跟家长交流，多提建设性的意见，不要居高临下。在征求家长的意见时注意不要使用"你应该"或"你必须"等命令性的字眼，而应该用"我认为……"或"你认为……"等婉转、协商性质的话语，这样家长才容易接受也乐于接受教师的建议或意见。比如："我建议你可以带孩子去上一对一的、有针对性的培训活动，毕竟我们没有受过专业的训练，我想这种培训对小远的帮助应该是比较大的。"教师与家长在对待特殊儿童的教育问题上态度保持一致，孩子的进步才会显而易见。

3. 开展特殊儿童家长减压活动

利用家长会或者亲子活动的时间，帮助特殊儿童家长正确面对压力，学习减压的方法。请家长表达自己的感受，讲诉自己的压力都来自哪些地方，如当前面临的一些经济压力、来自伴侣的压力、教养孩子的压力、不被尊重、歧视等方面。小远的爸爸从他人、社会以及自身的角度阐述了自己所面临的压力，敞开心扉，讲出了自己的困境，释放了内心沉积已久的压力，其他家长都在感同身受地认真倾听着他的发言，谈到情深处，还有部分家长忍不住落泪。通过这种形式，大家相聚一堂，互相鼓励，尽情地释放自己的情绪，直面自己的内心，在相互沟通和交流的过程中，帮助特殊儿童家长对生活充满信心和希望，同时更富有激情地养育自己的孩子，正视孩子存在的问题并思考今后努力的方向。

【举一反三】

特殊儿童的家长在面对孩子表现出的特殊行为时，又该如何有效地与其进行亲子沟通并积极地进行引导呢？

（浙江省衢州市机关幼儿园　邓珮琪）

难题 19 如何与负能量的家长沟通

家园沟通是幼儿园工作中的一项重要工作。每个家长都有不同的个性，他们对待问题会有不同的态度。有一些正能量满满的家长，他们配合教师、认同幼儿园的教育理念，他们的孩子大多阳光、活泼、自信；也有一些负能量偏多的家长经常抱怨发牢骚，一点小事都能激发他们强烈的情绪；更有一些不明事理的家长，会在网络交流群里"煽风点火"，影响其他家长的情绪。如果碰上负能量的家长，教师要如何与之沟通呢？

每天放学后，小朋友在家长的陪同下都有 15 分钟的自由游戏时间。这天，当所有小朋友都被家长接走后，杨老师在整理教室时突然听见有人焦急地大喊她的名字："杨老师，杨老师，不好啦。我们小凯刚刚玩的时候，差点摔折脚，赶紧把操场上那个索道拆掉！真的太危险了。幼儿园怎么可以有这么危险的玩具，赶紧去拆掉！"小凯的爷爷边走边喊。杨老师一听，马上对小凯的爷爷说："索道是所有小朋友都很喜欢玩的器械，对小朋友很有挑战性，不可能说拆就马上拆掉的。所有玩具、器械都存在危险，我们要做的是教小凯如何正确游戏，规避危险，保护自己。如果因为这样就不让小凯玩这些玩具，那么小凯就会越来越胆小，下次可能还会在其他的游戏中遇到类似的危险，你也不可能时时刻刻陪在小凯身边。"小凯爷爷听后有点无奈地离开了，又急匆匆地赶去看小凯的游戏情况。

【案例分析】

上述案例中，家长与教师之间的沟通存在以下问题。

1. 教师与家长的教育理念存在分歧

家长对幼儿问题认识不全面，想法片面，如在"危险"发生后，小凯的爷爷第一时间找到的原因是索道的问题，从而产生一定要拆掉索道的消极想法，没有从小凯自身寻找原因，如小凯的手臂力量不够、滑索道姿势不对。将一切原因归于外界因素而不从自身寻找原因，是很多溺爱孩子的家长普遍存在的问题。这种现象同时会给幼儿传递一个错误的信息——问题的原因在于环境不好，而非自己能力不足。园内的游戏设施肯定是经教师考虑过其安全性以及对幼儿发展的适宜性而设置的，如何引导幼儿在游戏中发展，则是家长和教师的教育任务。如何让家长了解幼儿园的教育理念、理解游戏对幼儿发展的价值、了解每个阶段幼儿能力发展的水平是教师在平时的家园沟通工作中需要做的。

2. 教师与家长在沟通中双方地位不平等

在幼儿教育中，教师的专业性比较强，而家长则大多是非专业的。在交流沟通的过程中，幼儿园教师扮演着"绝对权威"的角色，如杨老师以强硬的态度驳回爷爷的要求，从专业的角度给爷爷分析种种原因，告诉爷爷要如何做。而作为家长的爷爷则处于绝对服从、被动和执行者的地位。这种基于双方地位不平等而进行的交流，会大大影响沟通的效果，往往不能真正地了解家长的需求，不仅无法解决问题，而且会产生消极的互动。

3. 双方缺乏必要的沟通技能

教师在与负能量家长打交道时，需要讲究沟通的技巧。面对小凯可能出现的危险，爷爷有些后怕，他太想保护好孙子，在没有控制好情绪的情况下，爷爷说话语气生硬，态度蛮横，提出的要求有些无理。而杨老师用不容反驳的言词进行回应，没有进行换位思考。此外，有些负能量的家长总是不信任教师，每天对教师千叮咛万嘱咐，怕孩子受委屈，经常用命令的语气要求教师，此时教师不恰当的语言回应会加重家长的负能量。所以教师与家长沟通时所采用的方法和技巧，包括使用语言的技巧、情绪的控制、能否及时反馈信息以及利用网络沟通的能力等都影响着沟通的效果。

4. 教师与家长缺乏沟通时间

在爷爷和杨老师进行交流时，小凯还在玩游戏，出于担心小凯受伤，爷爷不能花过多时间与教师进行深入交流，又急匆匆地赶去"保护"小凯，监督小凯的游戏情况。很多家长每天接送孩子的时间都很紧张，无法利用这段时间和教师进行交流。有的家长由于工作紧张，总是来也匆匆，去也匆匆，甚至不能抽出时间接送孩子，把接送孩子的重任委托给祖辈家长。由于缺乏沟通，造成教师和家长沟通不及时，家长不能全面了解幼儿，降低了沟通的有效性。

》【破解策略】

负能量家长大多从消极的角度考虑问题，缺乏辩证看待问题的能力，同时也可能存在与教师的教育理念有分歧的情况。教师要找到沟通的共识点，做好与负能量家长的家园沟通工作。

1. 相互尊重、信任和理解

（1）**相互尊重是教师与家长沟通的前提**。家长从事着各行各业，他们的教育理念、人生态度不尽相同，但教师与家长在人格上是完全平等的。所以，教师和家长必须相互尊重对方的人格，在此基础上沟通交流。对于家长出现的负面情绪问题，教师首先要从自身找原因，客观地分析问题的原因，对幼儿的行为或活动开展的意义进行正面的评价和说明，肯定家长存在的疑惑与抱怨，同时进行正向的引导，再与家长共同探讨解决问题的办法。

（2）**教师和家长要相互信任**。教师和家长只有建立了信任关系，才能进行良好的沟通。如果负能量家长不信任教师，那么双方很难进行积极有效的互动沟通。教师要和负能量家长建立信任关系，首先要真心实意地接纳孩子，让家长感受到教师对孩子真诚的关心和爱护；其次在工作中必须认真负责，把孩子的点滴小事放在心上。譬如工作中给幼儿系鞋带、扣扣子、擦鼻涕等，这些不起眼的举动都能赢得家长的信任。

（3）**教师要充分理解家长**。家园沟通是围绕幼儿进行的，幼儿的一言一行都是双方沟通的话题。教师对幼儿的爱是一种高度负责的工作态度，是一种大爱。家长对幼儿的爱是血浓于水的亲情之爱，是血肉之爱。如果教师进行换位思考，站在家长的立场思考问题，以正确的心态理解家长，体谅他们的爱子之情，那么就能理解家长负能量的表现只是想错了方向和选错了表达方式。

2. 多途径共享教育理念

（1）**家长会**。幼儿园每个学期均要召开家长会，召开家长会的一个重要目的是发挥家长的主体作用，提高家长的教育理论水平，改变传统的、落后的家庭教养方法。幼儿园可开展"育儿经验沙龙"活动，大家畅所欲言，进行育儿经验交流，分享自己的育儿故事。家长们相互借鉴，反思自己的做法，通过家长教育家长，更能触动家长的心灵。

（2）**家长开放日**。幼儿园的家长开放日包括半日开放和全天开放，邀请家长走进幼儿园观摩或者参加幼儿的各项活动，让有负能量的家长了解到各种活动对幼儿的教育价值与意义。在丰富多彩的活动形式中，家长能体验到幼儿园教师工作的复杂和艰辛，也能够学习到尊重幼儿、发展幼儿个性等宝贵的教育经验。让负能量家长观察幼儿在集体活动中的表现，面对面地与教师沟通幼儿的情况，促进他们加深对幼儿园教育内容、教育理念的理解。

（3）**接送交流**。接送交流具有便捷、快速、针对性强的特点，是普遍、灵活的沟通方式。当家长对教育内容或者幼儿出现的问题有不同的看法时，教师应该事先整合多方面信息，制订计划，列出详细的谈话内容，邀请家长利用接孩子的机会进行沟通。教师可以把幼儿当天的突出表现向家长做个简单介绍，告诉家长幼儿的积极表现，希望幼儿能得到家长的鼓励，强化幼儿的行为；也要及时和家长沟通幼儿出现的问题，让家长在家庭中配合教师的教育。

（4）**网络沟通**。随着科技的发展，幼儿园网站、班级博客、微信……各种各样的现代化沟通途径，使得教师与家长的沟通变得更加简单方便。在幼儿园网站或者班级博客里，教师会定期上传一些活动简讯、活动影像、教育经验、家长心语、幼儿精彩瞬间等。家长可以在微信群里和教师互动，分享孩子成长中的故事、探讨教育中的困惑等。但在微信群内也会经常出现"挑事"的家长，教师要多关注、多沟通，及时获得相关信息进行私聊，并帮助他们解决困惑与难题。

（5）**家访**。家访是比较实用的一种沟通手段，教师和家长更容易详细地了解情况，产生共情。在家访中，教师感受幼儿独特的家庭氛围，深入了解幼儿的成长环境，与家长在某些教育问题上相互理解和支持。通过有目的地家访，教师潜移默化地向家长渗透科学的教育理念，解决家长心存的困惑和担忧。

3. 讲究沟通的艺术

（1）**教师的工作态度要谦逊、热情**。教师与家长沟通时的态度会直接影响沟通的质量和效果。面对同样的问题，如果改变沟通的态度，就会产生不一样的效果。教师要注意多倾听、多观察、多记录，与家长沟通时一定要态度诚恳、语气平和、委婉，这样便于顺利地交谈，从而指导家长更好地教育孩子，建立良好的亲子关系。教师要客观评价幼儿的行为表现，特别是在细节方面多和家长沟通，哪怕是一句有趣的话语、一次帮助别人的举动，都会让家长备受感动，认为教师是负责任的。家长就会对教师心生敬意，积极配合教师的工作。

（2）**积极倾听**。耐心地倾听负能量家长的倾诉，会给家长带来被尊重的感觉。在和负能量家长沟通时，教师切忌侃侃而谈，忽视家长的想法和做法。也许家长的做法不符合教育规律，教师也要以一种家长能够接受的方式诚恳地交流，创设和谐的谈话氛围。教师在和负能量家长沟通时要经常运用积极倾听的方法，接受家长的想法，理解家长的行为。这就要求教师对家长的想法有所了解，全身心地投入到倾听的过程中，能够听出家长的想法以及情绪的变化，分析其出现此种心理的原因，然后做出积极的回应。

（3）**单独沟通**。当教师发现家长在公共场合传播负能量时，需要马上找家长进行单独沟通。沟通时一定要注意场合，如果在家长比较多的情况下谈论问题，就会适得其反。教师可以利用下班后一段时间，请家长到办公室进行沟通，也可以通过微信及时地进行沟通。教师在沟通中要注意维护家长的自尊和保护幼儿的隐私，引导家长从积极的方面看问题。

（4）**把问题抛给家长，请教家长**。当教师遇到问题需要家长支持的时候，教师可以把问题抛给家长，请家长帮忙。教师适当地示弱，会让家长感受到自己在幼儿教育中的责任和重要性，从而更好地发挥家长的作用。幼儿园有许多工作需要家长的支持，教师要从正面、积极的角度引导家长，争取得到他们的支持。如果布置任务时措辞不恰当，则容易引起家长的反感——"老师怎么又让我们干活啊，不是收集饮料瓶，就是做毽子、蛋壳娃娃，我们成了幼儿园的义工了。"如果以寻求家长帮助的方式沟通，家长就能乐此不疲地为幼儿服务。

》【举一反三】

如果教师能够与负能量的家长进行正常沟通，那么与负能量的幼儿又该如何进行沟通呢？

（浙江省金华市浦江县浦阳幼儿园　楼芳玲）

难题 20 如何与情绪失控的家长沟通

　　幼儿教师是一项特殊的职业，既要服务于家长，又要引领家长教育好孩子。有的家长却并不了解教师，与教师的沟通经常会出现各种各样的问题。面对形色各异的家长，教师该怎么办？面对情绪失控的家长，教师又该如何做呢？

　　🖉 轩轩是一个比较内向、不善于表达自己想法的孩子，平时不爱喝水，在幼儿园也很少主动喝水。有一天，户外活动回到班级后，孩子们都主动去喝水，轩轩却一个人在教室里小声抽泣，我连忙问："轩轩，你怎么了，为什么哭呀？"他哽咽道："我打不开水壶。"之后，他经常因为打不开水壶而不喝水，有时我看到后会主动上前帮他打开水壶，有时其他小朋友会跑来告诉我，请我帮轩轩打开水壶。

　　有一次，老师们都在忙着布置区角环境，任务繁重，没有及时督促个别孩子喝水，因此轩轩一天都没有喝水。下午外婆来接轩轩时，发现他的水壶满满的，知道他白天一点水都没喝，十分心疼。轩轩外婆情绪变得十分激动，一边指责老师工作做得不到位，一边责骂外孙口渴了都不知道找老师要水喝。轩轩外婆越说越激动，轩轩被吓得大哭起来。听到轩轩外婆说的一些刺耳的话，我心里也满是委屈。尽管如此，我依然沉住气，用平静的语气耐心地向轩轩外婆解释："轩轩外婆，您先不要激动，真是对不起，今天确实是我们做得不到位，忘记提醒轩轩喝水。我知道您非常心疼外孙，以后我们会特别注意，定时提醒轩轩喝水。您别着急，慢慢说。"轩轩外婆听到我的道歉后，激动的情绪也有所平复。§

》【案例分析】

　　从上面的案例中，我们可以发现以下几个问题。

1. 幼儿自身的情况

轩轩本身不太爱喝水，除非出了很多汗，非常渴的时候才会主动喝水，一般情况下都要教师提醒他去喝水。有时他和小朋友们一起走向柜子拿水壶，只见他摸了摸水壶，转身看看老师在不在，要是发现老师在看着，就只好应付地喝一口，要是老师没看到，就马上跑走了。虽然喝水是日常活动中一件很平常的事，但要让幼儿喝足水，又要照顾到不同幼儿的需求并不容易。毕竟每个幼儿都是不同的，教师应该充分考虑每一个幼儿的需求。

2. 不了解状况

轩轩外婆有所不了解，其实在幼儿园里，教师在每天的喝水环节都会要求幼儿多喝水，喝足水，保育员平时也会时不时地提醒幼儿去喝水。每天在园的生活当中，教师也会有意无意地提醒幼儿喝水，比如，教师自己拿起水杯去喝水时，幼儿见了就知道该去喝水了。在户外活动时，为了方便喝水，幼儿也会把水壶带到户外，保证充足的喝水量。

3. 情绪的发泄

家长的不良情绪从何而来？归根结底，是由于自己的看法与信念，而不是孩子的行为。换句话说，家长的信念才是影响结果的原因。家长要明白情绪的主宰者是自己，而不是孩子；情绪的产生并不是因为孩子的行为，而是因为自己的信念或想法。轩轩外婆知道轩轩一点水都没有喝时，内心有点担心孩子，又有点责备老师。在这个过程中还冲轩轩发火，向孩子发泄自己的情绪，没有考虑孩子当时的感受。

》【破解策略】

1. 在沟通中要安抚家长的情绪

在家长发泄情绪的时候，教师一定要耐心、专心地倾听，安抚家长激动的情绪，让其冷静下来。家长的怨气、一时的不满很有可能在发泄情绪时得到释放直至消除。家长在得到教师的理解与信任后便可以消除内心的疑虑，情绪逐渐变得稳定。教师在安抚家长的情绪时要让家长觉得自己受到尊重，分析家长的心理，找到家长的顾虑，有的放矢地开始下一步谈话。

2. 在沟通中认真倾听家长的心声

倾听是教师与家长沟通的桥梁，是建立良好关系的纽带，它决定着双方能否达成交流，关系到教师与家长交往关系的质量。所以教师要做到有效地倾听，站在家长的立场理解和思考问题，这种设身处地的做法更容易领会家长所传递的情绪、情感及其言外之意。倾听有助于教师全面地分析问题产生的原因，可以帮助教师避免对幼儿的问题做简单评判，从而为更有针对性地制订幼儿的教育方案提供依据。良好的倾听习惯还可以促使家长更乐于表达自己的观点。要切记，教师与家长沟通并不是教育家长，要避免对家长说教，要给予家长更多表达自己想法的机会。学会倾听，首先要学会暂时放下自己的想法，努力去体会和理解家长。教师要给予家长适当的回应，让家长感觉到你的用心。专注的神情和适当的点头示意是表示自己在认真倾听的外在行为，这对家长来说既是一种尊重，又是一种鼓励。在具有耐心与同情心并且善于倾听的教师面前，即使是一个牢骚满腹、怨气冲天，甚至最容易冲动的家长，也常会被"软化"，变得通情达理。

3. 在沟通中要以"尊重"家长为前提

作为一名幼儿教师，首先要尊重家长，摆正且摆好自己的位置。很多家长对如何教育孩子知之甚少，有的家长甚至会提出很多不符合教育规律的想法和做法。但作为教师，不能因为家长在教育孩子方面失当而轻视他们。家长与教师之间不存在地位的高低之分，教师要以尊重与平等的态度对待家长，赢得他们的信任。同时在沟通前要认真"备课"，多了解家长的基本情况，了解家长对孩子的态度以及对幼儿园的看法，在沟通过程中尽可能主动驾驭谈话的内容，从而心平气和地与家长探讨最佳的幼儿教育方法，以达到共同的教育目的。尊重别人是自尊的表现，也是得到别人尊重的前提。正如常言所说："敬人者，人恒敬之。"教师和家长的沟通是一种双向、互动性的沟通，两者只有建立起亲密无间的合作关系，才有利于幼儿的健康成长。

4. 与家长沟通时，说话要有艺术性

与家长交流时，教师说话一定要有艺术性。一方面要善于倾听，多数教师在与家长沟通的过程中，经常出现说得多、听得少或者沟通的焦点始终难以集中在一个问题上等情况，使得沟通达不到目的，有时甚至会使家长产生抵触心

理。另一方面要用发展的眼光看待幼儿，要多挖掘幼儿身上的闪光点。在与家长沟通时，可先说幼儿的长处，再说幼儿的不足或需要改进的地方，这样更容易被家长接受；教师也可以从其他的教育事例入手，再找切入点进行交流。这种交流方式便于家长接受教师的意见、建议，同时让家长看出教师教育的艺术性，从小事了解教师，从而尊重教师、支持教师、配合教师的工作，达到家园共育，促进幼儿的发展。

≫【举一反三】

如果幼儿教师遇到了蛮不讲理的家长，这时又该采用什么方法与其沟通呢？

（浙江省衢州市机关幼儿园　孙燕燕）

|难题 21| 如何与口是心非的家长沟通

做好家园沟通工作,是幼儿园教育的基础。教师要正视双方立场不同、想法不同、方法不同的客观性,在与家长的沟通中取得谅解、树立互信,从而获得正面教育的积极成果。本文根据教师与其中一位口是心非的家长的互动案例,剖析教师如何与这类家长沟通,尝试从多角度解决问题,正确应对家园沟通中的难点。

✍ 班主任换届工作结束之后,新班主任接任中班,发现班级里有一个孩子存在不良的午睡习惯,即在午睡时坚持抱着从家里带来的布娃娃入睡。经过与前任班主任和家长的沟通了解,新任老师发现,班级所有孩子已经纠正了午睡习惯,只有这个孩子没能改掉这个小毛病,这与家长的包庇纵容有很大关系。前任班主任表示,她曾多次努力与家长沟通,表示幼儿园要求幼儿尽量独立午睡,并表示孩子的做法让自己很为难,有午睡管理扣分的风险。但因为家长心系孩子,又比较强势,最后沟通无果,只能维持现状。家长至今仍然坚持认为,孩子无法做到新班主任的要求,必须依赖布娃娃才能入睡。

为改变这一状况,新任老师首先与家长悉心沟通,从孩子的立场出发说明男孩不宜抱着布娃娃睡觉,且布娃娃的细菌较多,毛发吸入鼻腔也容易患病,获得了家长的初步谅解,说服家长同意纠正孩子午睡的习惯。但事后发现,家长并不完全服气,私下找到前任班主任表达不满,抱怨新班主任刚接管班级就给孩子立规矩,引得孩子在园情绪不愉快,并称还是前任班主任会体谅家长,理解孩子缺乏安全感的想法。幸好收到了前任班主任的提醒,新班主任才发现这位家长的真实想法——虽然这位家长平时来园接送孩子时对老师毕恭毕敬,表现出非常愿意配合老师的工作,但是私底下对老师心存抱怨。同时,这位家长还偷偷把布娃娃带到幼儿园,放进孩子的被窝,并未让孩子按照老师的要求独立午睡。

经此波折,新任老师决定迂回解决,找到孩子单独耐心沟通,利用鼓励和表扬,强调规则的重要性,孩子最后同意进行尝试。接下来新任老师对这个孩子给予了重点关注，通过在午睡时轻声讲故事、拉拉小手、轻拍安抚等方式分散他的注意力，让他获得入睡安全感。在老师的安慰、鼓励和陪伴下，这个孩子成功地尝试了独立午睡，连续三天入睡成功。新任老师将这个成果告知家长，在表扬孩子的同时，委婉转达了幼儿园对于孩子午睡问题的要求，体现了自身的职业素养，也获得了家长在后续工作中的配合与信任。

【案例分析】

1. 家长敏感

在当今多元价值并存的时代，家长群体作为成年人，有各种不同的类型。案例中的家长有较为明显的口是心非倾向，在已经与新任老师沟通，且貌似被说服的时候，其实心底仍有不满，并转而向前任班主任表达不满。这种类型的家长在家园沟通中往往较难相处，也容易爆发问题，这也是本案例问题解决的症结所在。

2. 矛盾转移

案例中的问题恰好发生在班主任换届衔接的阶段，此时家长与教师互不熟悉，尚处在关系建立时期，容易因为相互缺乏了解，导致信任不足，产生对立情绪。纵观以往，幼儿园出现班级教师人事变动时，往往会在家长层面产生一些波动，对于家园关系而言，这既是关系重建的过程，也是机遇与挑战并存的时期。因此，当家长与教师产生矛盾时，往往会存在家长因不敢与教师正面沟通，而产生将矛盾转移到其他地方的问题。

3. 历史遗留

对于幼儿的某些坏习惯，教师有自己的梳理过程和整改策略，其中有些问题属于幼儿在小班入园时迫切需要解决的，而另一些问题会随着幼儿年龄的增长而逐渐"暴露"，需要教师密切关注，随时掌握方向和调整策略。对于某些初入园幼儿的小毛病、坏习惯，教师要寻找适当的时机进行引导教育，但有些家长可能没有意识到自己的包庇纵容会错失幼儿养成好习惯的最佳时机。

4. 寻求方法

在幼儿园教育资源紧张的环境下，如何针对各类问题，有效地提出更合理、更明确的解决方案,是每名教师都应不断思考的。例如,在案例中提到的入睡环节,如何促使幼儿有意识地改变入睡习惯、如何在集体环境中帮助幼儿适应作息、如何处理男孩午睡还需依赖布娃娃的心理问题,这些都可以作为课题进行探讨,群策群力来研究解决方案。

【破解策略】

针对案例中出现的与口是心非的家长沟通时遇到的困难,教师应加以警惕,同时善用策略,耐心说服,对家长和幼儿双管齐下,达到通过沟通解决问题的目的。以下建议可供参考:

1. 架起家园沟通的桥梁

教师不能因为口是心非的家长难以沟通,就忽略与其沟通,甚至放弃与其沟通。在双方出现反复拉锯、沟通困难时,教师要耐心解释,换位思考。教师可以通过以下六策获得家长的信任,促进家园合作:一是展现专业素养,赢得家长的信任;二是用专业的细心赢得家长的信任;三是让家长了解教师所做的准备;四是向家长全面、细致地讲述幼儿的情况;五是积极回应家长的叮嘱;六是经常当面表达对幼儿的欣赏。

在案例中,教师就是通过与家长反复沟通,同时借助前任班主任作为桥梁,从而在最短的时间内建立双方了解、信任的基础,为最终解决问题铺平了道路。

2. 寻找根源,解决矛盾

教师在与此类家长沟通时,若对同一问题产生不同看法,那么要注意采取迂回策略,避免直接产生冲突;同时,对于家长口是心非的做法,要保持一颗平常心,向家长提供多种处理方案,表达解决问题的决心和耐心。

案例中幼儿的入睡问题,是幼儿入园期的典型问题,教师可以通过四种办法来尝试解决:一是布置舒适的寝室环境;二是创设让幼儿安心的精神环境;三是讲述温馨的睡前故事;四是教师的陪伴,让幼儿愉快地入睡。

案例中的男孩喜欢抱着布娃娃入睡,是非常典型的午休问题,既与家长纵容有关系,也与幼儿的依赖心理有关系。因此,教师切准脉络,从幼儿的角度入手,悉心引导鼓励,通过尝试陪伴入睡的策略,让幼儿克服心理障碍,最终成功地改掉了这一不健康的习惯。

3. 树立规则，赢得信任

幼儿规则意识的逐渐建立，可以促进家长对教师专业能力的肯定，从而有助于教师在家园合作中占据主动，逐步赢得家长的信任。

幼儿园是幼儿第一次接触的集体环境，将社会规则循序引入，培养幼儿理解规则、遵守规则的意识，是每名幼儿教师都要努力的方向。教师通常需要按照三个步骤进行，即制订班级规则、引导幼儿了解规则的必要性、坚持执行规则。

有效的班级管理，应当建立在制订班级规则的基础上，幼儿需要明白和理解规则。如果可能的话，要让他们参与到规则的制订中。教师应当把班级规则张贴在教室里，以便需要时能随时看到。从幼儿来园的第一天起，就应该让幼儿知道什么行为是适宜的。教师可以花些时间和幼儿讨论班级规则，并要求幼儿记住并遵守规则，简明、积极、清楚的规则是最好的，这样班级活动才会井井有条。对于集体讨论制定的规则，幼儿更容易遵守。教师可以让幼儿自我监督、相互监督，增强坚持执行规则的力度。

4. 传递爱心，激发共鸣

在与口是心非的家长沟通时，应从幼儿入手，传递以下信息和态度：教师会以公平的态度、耐心、爱心来培养幼儿，引导幼儿养成良好的个人习惯，帮助幼儿融入集体生活。班级规则应当公平、公正，对所有幼儿一视同仁。如果幼儿发现教师言行不一，他们的消极行为就会升级。教师以公平公正的态度对待幼儿，从而间接影响家长，相信也能引起家长的共鸣，改变他们的想法，最终对教师心悦诚服。

每位家长的个人素质都不同，口是心非的家长内心比较矛盾，不愿与教师发生正面冲突，而是通过其他途径发泄情绪。但是这个问题如果解决不好，必然会引发众多家长对教师的误解。所以教师必须找到家长误解教师的根源，通过多种途径解决矛盾，获得家长的信任与支持。

》》【举一反三】

如果家长与教师的观念相冲突，那么教师该如何与其沟通并达成共识呢？

（浙江省宁波市第二幼儿园　黄妍妍）

难题 22 如何与家庭经济条件不一的家长沟通

家庭是社会的细胞，是孩子出生后接触的第一个社会小环境。孩子的成长离不开家庭，家庭对孩子身心发展的影响是通过家庭环境来实现的。家庭环境中很重要的一个因素是家庭经济条件。每个家庭的经济条件都不一样，而家庭的经济条件或多或少都会影响孩子的身心发展，这就需要幼儿教师在平等对待幼儿、尊重家长的前提下，全面了解幼儿的家庭经济条件，有针对性地开展有效的家园沟通。

案例一：小贝家庭经济条件较好，父母虽然在事业上较为忙碌，但常常抽出时间陪伴孩子，每一次家长活动都能积极参加，有时甚至父母二人一起参加。小贝的父母教育孩子也有一套，主张给孩子一个快乐童年，会在假期带着孩子去世界各地旅游。每次旅游归来，小贝都会和小伙伴们开心地分享旅途中的所见所闻。但小贝很自我，跟同伴的关系不是很好，经常由于小伙伴不听他的而发生言语冲突。

案例二：皮皮是一个调皮好动的小男孩，常常惹是生非，偶尔还会有攻击性行为。我通过家访了解到，皮皮的家长属于典型的依赖型家长——家里经济条件较好，但是成天忙于生意，除了过问孩子的吃饭、睡觉，很少与孩子交流。通过与皮皮谈心得知，虽然他和爸爸妈妈生活在一起，可有时候他甚至好几天都看不到自己的爸爸妈妈。

案例三：衡衡生于知识分子家庭，家长比较重视孩子的教育。有一天，我收到衡衡奶奶发来的信息："老师，衡衡说他今天在幼儿园把饭全吃完了。你要对他进行适当的物质奖励，让他有更多的成就感。另外，你还可以在全班面前表扬他，进行正面强化。"从这条短信可以看出，衡衡奶奶对教育比较在行。但是，作为衡衡的老师，我没有简单地回复"好的"二字，而是诚恳地回复说："衡衡奶奶，您好，感谢您提出的建议，看得出来，您非常疼爱孙子。衡衡这两天就餐情况较之从前确实有了很大的进步。所以，我们不仅在其他小朋友面前表扬了他，还奖励了他贴纸，让他感受到老师对他的肯定。另外，我还告诉他，如果明天可以把盘子里的每一样菜都吃完，我还会满足他一个小愿望。"

案例四：萌萌不会咀嚼，吃什么东西都是硬吞下肚的，因此吃起饭来很痛苦。但萌萌妈妈每天来接送孩子都是急匆匆的，我每次向她反映萌萌的情况，她总是支支吾吾的，不愿意跟我交流。后来，我直接到萌萌家进行家访，亲眼看到萌萌在家的就餐情况。原来，萌萌妈妈由于担心孩子不会咀嚼，一直以来总是给孩子吃软食或流质食物，造成孩子越来越不会咀嚼。

案例五：班里最近每天都选六位小组长，作为老师的小助手，负责班里的一些力所能及的事情。一个星期后，朵朵妈妈一大早表情严肃地来到教室，一脸不满地说："老师，你们这段时间每天都选小组长，我们家朵朵上次哭着回来跟我说老师不喜欢她，不选她当小组长。虽然我们家条件不太好，但老师也不能这样看不起我家孩子吧！"听完朵朵妈妈的一番话，我心里确实很不是滋味，有一种被冤枉的感觉，但我还是微笑着对她说："朵朵妈妈，你先别生气。首先，选小组长是我们最近才开展的，班里只有部分小朋友轮到过；其次，我们对待每一个孩子都是公平公正的，绝对不会因为家庭条件不同而区别对待，这一点你放心。"朵朵妈妈一听，难为情地笑了："老师你别介意，我这人就是说话直，没有什么恶意。"

【案例分析】

以上几个案例，分别展现了不同家庭经济条件对幼儿和家长产生的影响，具体来说有以下几点。

1. 影响幼儿的身心发展

经济条件好的家庭，通常会给孩子提供更多物质方面的满足，让孩子接触更多的新鲜事物，这使他们有着更多的自信和优越感，也使得他们更容易获得某方面的成功。但过度的优越感，过于自我，将影响孩子社会交往能力的发展；相比较而言，经济条件不好的家庭提供给孩子的物质条件有限，在这种家庭中成长的孩子有时就会产生自卑心理。有些孩子会为改变这种现状而努力，有些孩子则会顺应并维持现状。

2. 影响幼儿家长的心理

其一，形成不同的心理特征。不同经济条件的家庭可能会形成不同的心理特征，经济条件较好的家长可能会摆出高姿态，形成高傲心理，经济条件较差的家长可能会产生自卑心理。这需要教师针对不同情况，采取相应的处理方式；其二，产生不同的家长期望。不同经济条件的家长对幼儿园的期望和要求不同，经济条件较好的家长可能更关注孩子的个性品质、身心素质、学习水平等，经济条件较差的家长可能更多关注孩子的生活自理能力。只有家长的需求得到一定的满足，期望得到实现时，家长才能发自内心地对幼儿园（教师）感到满意。

》【破解策略】

幼儿的生理和心理发展不平衡，教师需要与不同经济条件的家长进行有效的家园沟通，让幼儿的优势得到发挥，劣势得到弥补，从而让幼儿健康快乐地成长。教师要了解幼儿的家庭经济条件，把握不同经济条件家长的需求，准确分析家长的不同类型，采取相应的沟通策略。

1. 支持开明型

如案例一，这类家长尽管事业忙碌，但知道陪伴孩子的重要性，会抽时间关心并陪伴孩子，经常主动和老师沟通、交流孩子在园的情况，重视孩子的学习情况。同时，这类家长有丰富的社会资源，可以协助班级组织社会实践活动。但因为家庭条件优越、过度呵护容易导致孩子以自我为中心，这一点却常常得不到重视。

面对此类家长，教师可以抓住机会与其沟通，肯定其优势，在交流关于孩子个性品质、学习情况的同时，听取家长在育儿方面的意见与建议，并且可以有效利用家长资源——如家长进行育儿分享、组织班级开展社会实践活动、开展"家长进课堂"活动，让家长相互学习，相互借鉴。同时要多提醒家长重视孩子过于自我的问题，正确予以引导，不要让优越感害了孩子。

2. 过度依赖型

过度依赖型的家长经常把"孩子就拜托你了"这句话挂在嘴边,这类家长通常都忙于工作或生意应酬,对孩子疏于管教,与孩子有效交流的时间很少。如案例二中皮皮的父母,他们虽然明白教育孩子的重要性,但不懂家园沟通的重要性。教育有其整体性和系统性,忽视家庭教育,单方面强调学校教育是一种片面的想法。面对此类家长,教师应主动与其沟通,让其明白家园合作的重要性,引导他们运用正确的教育方法,并且通过多种途径学习育儿方法。例如,教师可以主动到其家中家访,坐下来与家长面对面交流,告诉家长:"在当今社会,赚钱固然重要,但是钱随时都可以赚,而孩子的教育错过了就难以弥补。幼儿期的孩子十分需要父母的爱与陪伴,如果家长在这一时期错过孩子的成长,那么孩子会变得敏感、缺乏安全感。"通过交流使家长明白,教育是家庭与学校共同的责任,只有共同担当起来,才能达到最好的效果。

3. 高傲严苛型

高傲严苛型家长通常文化程度较高,平时比较重视孩子的教育,并且理论知识较为丰富,在教育孩子方面有独到的见解。如案例三中衡衡的奶奶,这类家长不仅对孩子要求高,而且对教师也比较严苛,经常会说一些大道理。面对这样的家长,教师首先要胸有成竹,相信自己的专业能力与素养,不能因为家长学历高就盲目地服从他们的意见。其次,在与家长交流前要做足功课,在生活中认真细致地观察孩子的表现,结合相应的理论来思考指导策略,做到心中有数。对于家长提出的意见,教师要有自己的判断,阐述观点时要做到有理有据,以自己的专业素养赢得家长的认同。如果家长提出疑问,教师首先要肯定家长提出的问题,表达赞赏,拉近与家长的距离,其次要做到不慌不乱,将理论知识与幼儿的实际情况相结合,尽力去说服对方,赢得家长的认同。教师还要注意在平时的工作中做到周密细致,甚至比家长还要了解孩子,这样才能让家长充分信服教师。

4. 依赖退避型

有的家长由于家庭经济条件不太好或文化水平不高,容易产生自卑心理。即使对幼儿园教师有意见,也会藏在心里,不敢与教师沟通,甚至拒绝沟通。同时他们关注的往往是孩子生活自理方面的内容,如"睡觉好不好""吃饭好不好"。遇到这样的家长，教师应该积极引导，及时向家长汇报幼儿在园的各方面情况——"今天倩倩学会了自己系鞋带""今天林林吃了两碗饭"，让家长感受到教师的负责与细心。家长会感受到孩子在教师心中占有重要的位置，认为教师能发现孩子的点滴进步，从而信任教师，愿意与教师交流。同时，教师也应主动出击，建议家长一起参与到孩子的教育中来，告诉家长："教育孩子最重要的是用心，而家园沟通是孩子成长的一座桥梁，有什么意见和建议，欢迎及时与我交流。"教师还可以主动与家长唠家常，拉近彼此间的距离，为深入沟通做好铺垫。

5. 冲动直率型

有一些家庭经济不太好的家长，往往会担心孩子在幼儿园得不到老师的重视。如果孩子在幼儿园受了委屈，这类家长的第一反应不是理智地分析、耐心地询问，而会直接冲动地向老师兴师问罪，如案例五中朵朵的妈妈。当遇到冲动直率型的家长来兴师问罪时，教师首先要沉住气，面带微笑，真诚地倾听。面对家长的指责，教师要克制自己的情绪，不要和家长发生争执，而要用耐心的态度对待家长，这样家长就会认为自己受到了尊重，情绪也会有所缓和。等家长平静下来后，教师再进行解释说明。比如，可以先说一些缓和的话，与家长拉近距离，让家长觉得老师是站在他的角度思考问题。教师可以这样说："××妈妈，看得出来您真的很爱××。作为××的老师，我们同样也很爱她，我们也理解您爱子心切，也请您相信我们的职业素养。我们对每一位孩子都一视同仁，不存在偏爱。您有什么问题和建议，我们可以坐下来好好说。我们一定会好好听取您的建议，家园携手才能教育好孩子。"

>> 【举一反三】

家庭经济条件对幼儿产生的影响是显而易见的，那么，面对家庭经济条件不一的幼儿，教师又如何有针对性地与他们沟通呢？

（浙江省金华市浦江县浦阳幼儿园　彭艳青）

难题 23 如何与性格内向的家长沟通

家长是教师重要的合作伙伴，家园沟通得好，能共同促进幼儿的身心发展，很多问题就会迎刃而解。面对性格外向的家长，教师能够从其口中得知幼儿的情况、对教师的想法等信息，更利于家园合作，而性格内向的家长可能不愿意表露过多。那么，面对性格内向的家长，教师应该如何与其沟通？又需要掌握哪些与家长沟通的技巧呢？

又是一个开学季，王老师接手了一个新小班。两位老师在开学前对每个家庭进行了家访。家访时，有个男孩一见到老师就号啕大哭，全程躲在爸爸妈妈的怀抱里。而爸爸妈妈也比较内向，之前孩子都是由祖辈带，父母对孩子也缺乏深入的了解，只是填写了"新生入园调查表"中的信息，大概地回答了老师问的问题。孩子的性格比较内向，在班级里经常自己玩，很少与其他幼儿互动，有困难也不告诉老师；家长一把孩子送到班级门口就离开了，很少和老师打招呼，平时也不怎么配合班级工作。如果孩子出了问题，多是老师主动请家长留一会儿进行交流。有一次点心时间，这个男孩因为争抢食物，咬了旁边的小朋友，这一行为让班级老师猝不及防。

【案例分析】

上述案例中，两位教师存在以下几方面问题。

1. 信任度不够

内向的人往往不善言谈、喜欢倾听，教师在发现了幼儿及其父母都比较内向之后，应该主动和家长沟通幼儿的日常情况。案例中，为什么幼儿从不主动向老师寻求帮助呢？因为幼儿不信任教师，在园缺乏安全感。做好家园沟通，关键在于建立互相信任、尊重、支持的情感桥梁。老师尊重幼儿，给予幼儿更多的关爱，让幼儿逐渐信任老师，知道有困难可以告诉老师，老师会像爸爸妈妈一样帮助他。

2. 责任意识不强

不少教师在投身于教育事业的同时还要兼顾家庭，在带班时间偶尔接电话、处理一些事务等现象都存在，而班级幼儿人数较多，这片刻的疏忽可能会发生严重的安全事故。班里的幼儿在园期间发生了打闹的情况，教师若不知情，家长对教师的信任度会愈发下降，更加不利于开展家长工作。教师的责任意识需加强，应该关注到每一个幼儿，如果发现幼儿遇到了问题，可以先留给幼儿一定的时间，让幼儿自己尝试解决问题；若发现问题严重则需及时阻止，避免幼儿伤害自己或他人。

3. 沟通缺乏艺术

部分年轻教师缺乏与家长沟通的经验，在教育幼儿方面缺乏说服力，没有让家长感受到教师的专业性。有的教师在家园沟通中没有站在家长的角度思考问题，容易以自我为中心。虽然有的家长嘴上不说，但心里对教师留下了不好的印象，就更不利于家园合作，加大了教师开展家长工作的难度。

》【破解策略】

教师与家长之间良好的沟通、交流是一门艺术。要想顺利地开展家长工作，教师应当牢记与家长沟通的注意事项，对待性格内向的家长，则应主动沟通。

1. 建立信任

开展家长工作的基础就是要让家长感受到教师对孩子的爱，互相建立信任。在刚入园阶段，幼儿可能不适应，家长也会特别记挂孩子，教师可以多关注幼儿的饮食、情绪、衣服的增减、在园参加活动的表现等，主动与家长沟通，比如："××今天说了一句话……我觉得很有意思，她很有自己的想法。""今天××午饭吃得比平时认真很多，吃完后还多加了半碗米饭。"让家长知道教师对幼儿的关爱，对工作的负责，对家长的尊重与理解，能够平等地对待班里的每一位幼儿，让每一位幼儿都感受到教师的爱。内向的家长可能嘴上没有表达，但他们能感受到教师的付出。当家长感受到教师喜爱自己的孩子，以平等友好的态度对待自己，就会对教师产生信任，乐意接近教师，愿意与教师沟通，这为家园合作奠定了坚实的基础。

2. 注意态度、语气和行为

教师在和家长沟通时要热情，有亲和力，以尊重的态度对待家长和幼儿，以礼待人，懂得倾听，面带微笑，用自己的专业知识以理服人。如果家长比较内向，可能回应不多，教师要主动寻找沟通的机会，一次沟通避免说得太多，循序渐进，让性格内向的家长也逐渐适应与教师沟通，鼓励家长说出自己的想法，寻找最恰当的方式与家长沟通幼儿的问题行为，客观地评价幼儿。

3. 多途径地与家长沟通

（1）**面谈**。在来园和离园这段时间，接送的人群比较集中，人流量大，如果有一些急事需要当场反馈，教师可以让家长稍微留一下，先关注班级，等到人少的时候再和个别家长沟通，既维护了整个班级的秩序，也保护了幼儿及其家庭的隐私。有重要的事情最好面谈，可以约一个方便的时间进行家访或请家长到幼儿园来沟通。

（2）**电话沟通**。遇到紧急情况时，教师需及时电话联系家长，保证重要信息沟通的即时性。若发生特殊事件，教师要主动坦诚地与家长沟通，不争辩，诚心道歉。

（3）**社交软件**。有的家长工作比较忙碌，幼儿长期由祖辈接送，教师可以用现代通信工具，如社交软件，与家长反馈幼儿近期的情况。

4. 多了解家长的愿望、需求和意见

《幼儿园教育指导纲要（试行）》提出，"家庭是幼儿园重要的合作伙伴。应本着尊重、平等、合作的原则，争取家长的理解、支持和主动参与，并积极支持、帮助家长提高教育能力"。家园合作是家长和教师之间的一种沟通方式，是一种双向互动的活动，可以实现家长教育观念的转变，促使家园教育协调一致；帮助家长了解和参与班级的各项活动。发挥家委会的桥梁纽带作用。家园双方积极主动地相互了解，相互配合，相互支持，通过幼儿园与家庭的双向互动，共同促进幼儿的身心发展。家长是教师重要的合作伙伴，教师可以在活动前听取家长的想法，了解家长的愿望、需求和意见，邀请家长共同参与活动的策划，并在后期及时地反馈合作成效，赢得家长的信任和尊敬。

5. 了解家长内向的真实原因

分析家长的心理，了解家长内向的真实原因——是因为性格内向，还是因为要面子，怕与教师沟通的时候被其他家长听到；或者是因为不信任教师，怕自己的言行得罪教师，给孩子带来不好的影响。教师要根据不同的情况区别对待，消除家长的顾虑，从而更好地发挥家园沟通的作用。

6. 经验交流

面对形形色色的家长，每位教师都会遇到一些难以处理的问题，可以和园内的同事交流分享，共同商讨最合适的解决方法，也可以向有经验的老教师请教，就个别棘手的案例重点分析，群策群力。

>> 【举一反三】

面对不同类型的家长，教师在沟通方式上有什么不同？要注意些什么呢？

（浙江省宁波市第二幼儿园　吴洁）

难题 24 如何与工作繁忙的家长沟通

家庭和幼儿园必须协调一致,紧密配合,方能充分发挥教育作用,从而促进幼儿身心健康发展。但在这个高速发展的时代,有些父母忙于工作,忽视了孩子的成长状况,与教师缺乏沟通,作为一名一线教师,应如何改善这种现状呢?

恩弟小朋友的父母都是"90后",他们经营着一家公司。虽然家里条件比较优越,但因父母工作忙,恩弟出生以来一直由保姆和爷爷奶奶照看。上幼儿园以后,也都是由爷爷奶奶负责接送,父母基本上处于"缺席"状态。一学期下来,老师基本上也碰不到他们几次。

班级难得组织亲子活动,老师提前一周通知家长,要求父母陪同孩子参加。很多家长特意调整了自己的工作安排,有些甚至推掉了公司的应酬前来参加活动,而恩弟的父母是唯一缺席的家长。

老师与恩弟爸爸通过电话沟通孩子在园的一些情况时,他总是轻描淡写地说:"知道了。"之后什么也没有说。家访时,其父母也总是表现得心不在焉,不是来来回回地接电话,就是发微信,让老师觉得有心无力,非常尴尬。

>> 【案例分析】

我们可以从以下几方面对上述案例进行分析。

1. 家长工作繁忙,与教师接触的机会不多

家长接送幼儿时与老师面谈是家园沟通中最常见的形式。若家长接送次数少,与教师的接触自然也就少,沟通也会相应减少。恩弟平时都由爷爷奶奶接送,而老人传达幼儿园的信息不是内容不详,就是内容不符,幼儿的父母不能及时、真实地掌握幼儿园的信息,了解幼儿在园的表现情况等,从而引发家园在沟通过程中的矛盾。家长由于工作的关系而无暇顾及幼儿在园的情况,是造成家园沟通不畅的一个重要原因。

2. 家长缺乏教养意识

恩弟父母对于家庭教育不够重视，缺乏教养时间、教养技巧，不了解幼儿的需要，陪伴幼儿时不够投入，虽然给予了幼儿丰富的物质条件，却忽视了幼儿的精神需求。

3. 单向沟通多，双向沟通少

案例中的家长主观上不了解家园沟通的重要性，不管是平时放学来接孩子，还是电话联系、家访，教师与家长的沟通都是教师主动向家长单向"输出"幼儿在园的表现，以及给家长提一些建议，而家长却很少主动与教师沟通幼儿在家里的表现，没有形成双向沟通关系。

4. 教师缺乏说话的艺术

在教师家访或电话沟通时，家长表现出不耐烦的情况。是不是因为教师与家长沟通时的表达欠考虑？怎样表达才能引起家长的注意，并且能让家长听得进去呢？这是教师需要思考的。

【破解策略】

1. 树立家长的角色意识

根据社会角色理论，如果角色能够得到高度评价，那么人们可以很好地扮演这个角色；如果角色能为个人提供他们所期望的利益，那么人们就很可能把自我置于这个角色中。因此，当像案例中恩弟父母一样工作繁忙的家长做出支持性、合作性行为时，教师要及时给予肯定，例如：当家长来接孩子时，教师可以说"今天，爸爸来接你了呢，××好开心哦，最喜欢爸爸来接了，对吗？那以后爸爸要多来接送哦"；或者教师做出相应的合作性行为，使幼儿获益，例如：给幼儿一次国旗下讲话的机会，然后趁此机会多与幼儿的父母进行沟通。幼儿良好的表现能让家长认识到与教师沟通的重要性。这些都会增强家长的角色意识，促进家长更加积极地与教师沟通。

2. 增强家长的教养意识

教师与工作繁忙的家长沟通难，最主要的原因是家长自身的教养意识薄弱。教师可以通过幼儿园的家庭教育专家讲座，或平时在班级微信群转发有关家庭教育的文章，来间接增强这一类型家长的教养意识。也可以与家长约个时间，坐下来与家长交流家庭教育在幼儿阶段的重要性，也让家长了解教师的用意。

3．掌握说话的艺术

（1）**寻找突破口**。与家长沟通时，教师要以家长感兴趣的话题作为突破口。例如：家长喜欢了解幼儿在园时吃午饭的情况，那么就先聊幼儿午饭吃了什么、吃了多少、吃饭速度等，然后再延伸到教师想与家长沟通交流的事项上。

（2）**与家长之间增进理解**。为了增进教师与家长的相互理解，教师可以让家长多了解教师的工作内容、工作方法和工作能力等，这样家长才能多站在教师的角度考虑问题，从而对教师的工作产生肯定。教师也要尽可能了解家长，在各种活动中观察家长的言行，了解家长的性格、教育观念和方法，家长感受到被理解与重视，同样利于密切相互之间的关系，增进沟通。

总之，教师要以平等合作的态度对待家长，在沟通过程中，不仅要向家长传递有关信息，也要倾听家长的声音，积极响应家长，以开放的心态接受意见。

>> 【举一反三】

教师如何与总爱挑毛病的家长沟通呢？

（浙江省永康市实验幼儿园　胡思思）

难题 25 如何与重组家庭的家长沟通

重组家庭中非血缘的亲子关系使得重组家庭的子女教育问题尤其敏感和突出，继父母与继子女的关系微妙而脆弱。有的教师觉得与重组家庭的家长沟通有些麻烦，特别是与幼儿的继父或继母沟通时需要顾及很多方面的问题。那么，在与重组家庭的家长沟通时到底怎么做才更好呢？

🖋 中班文文的妈妈再婚了。文文的妈妈是一个性子比较急的家长，工作也比较忙。文文的继父很少接送文文，偶尔见到老师时也显得比较拘谨，基本不与老师主动沟通。

这一天，文文在幼儿园玩耍时与同学发生矛盾，脸上被抓破了点皮。放学的时候正好是文文的继父来接，继父没有注意到文文脸上受伤了，老师也一时忘记了这件事，没有和文文的继父说。回到家后，文文的妈妈发现文文受伤了，十分着急，当即打电话质问老师。老师有些心虚，推说是因为继父来接，觉得不太好沟通，所以没有及时和家长交流。

第二天，文文的妈妈和文文的继父一起来到了幼儿园。文文的妈妈十分激动，在班级门口与老师相遇，对着老师大声指责："你这个老师太不负责任，你就是不重视我们家文文。"文文的老师觉得十分尴尬，不知如何是好。§

≫【案例分析】

文文的妈妈情绪激动地找老师理论，到底是什么原因造成了这种情况呢？针对文文的重组家庭特点，文文的老师与文文的父母沟通时出现了什么问题呢？

首先，老师与家长沟通的过程让家长觉到没有受到尊重。当老师推说觉得"继父不太好沟通"时，显然触到了文文妈妈的痛点。这时候文文的妈妈可能会觉得老师"看不起"自己的家庭，对自己的重组家庭有意见，进而对老师产生不信任感。

其次，老师没有及时和家长沟通，是教师的疏忽导致沟通不及时，这一点应当予以反思。而老师这种推诿责任的方法反映了她的心态不坦荡。成人要求孩子"知错就改",那么作为老师更应该做到这一点。

再次,当文文的家长找到老师时,老师没有采取及时的、适当的应对策略。而且,老师没有选择合适的场所与家长进行交流,迫使自己处于被动局面。

最后,平时文文的老师没有与文文的继父加强沟通。从案例中可以看到,文文的继父较少来幼儿园,性格也不是很热情。在彼此不太熟悉的情况下,老师与文文的继父交流时就会遇到更多阻力。如果老师平时与文文的继父就有交流,有"交情",那么或许文文的继父回家后会安抚文文妈妈的情绪,从而避免教室门口这一幕的产生。

》【破解策略】

1. 尊重家长

教师在平时的交流中应当多与这些家庭沟通,了解重组家庭的特点。重组家庭中的亲生父母往往因为离异,没有给孩子一个完整的家而感到愧疚。如果孩子发生意外,亲生父母会感到更加愧疚,也更容易"恼羞成怒"。教师对待这类家长时要更加谨慎,维护家长的自尊心,切勿指责家长没有尽到应尽的义务,有什么情况要立即与家长联系、交流。

2. 沟通前要做好准备

从沟通内容上说,孩子发生了什么事情、事情是如何处理的、事情的前因后果等,教师应该准备好一套说辞。从沟通形式上说,如果是面对面交流,那么需要注意以下几点:教师一定要仔细聆听对方的意见,时不时回应"嗯"或点头的动作表示在认真倾听;当对方情绪稳定下来以后,教师要引导家长把焦点放在解决问题上,可以说"我知道处理这种问题很不容易",然后表示对家长的尊重——"您平时对孩子也很用心""真的特别感谢您平时对我们工作的支持",肯定家长的用心。现在网络发达,如果使用微信等方式与家长沟通,可以先想好措辞,然后再和家长交流。在交流中准备一个本子,记录家长的心声和老师注意到的关键事项,也是一个不错的选择。

3. 选择合适的地方进行沟通

幼儿园教师有时候缺少与家长单独沟通的环境。如果情况允许,案例中文文的老师可以在家长情绪稳定时，把家长请到午睡室、会议室等进行详谈，避免在人多嘈杂的地方交流。

4. 选择合适的时机、合适的家长进行沟通

就像案例中出现的紧急情况，教师必须及时与家长沟通。在平时的沟通中，有的问题可能更适合与亲生父母沟通；有的家长性格互补，那就选择更容易沟通的一方；有的家长管孩子比较多，那就联系他/她进行沟通。总而言之，教师要学会判断。

5. 学会追踪，让交流有后续

有时候，突发的意外事件解决了，教师觉得松了一口气。然而，家长有可能在理智上理解了事件，在情感上却不能马上平复。教师要注意在后续一段时间多与家长沟通幼儿在园的情况，让家长感受到教师的关心，进一步平复心情，增强信任。

总而言之，教师要正视重组家庭的特殊性与复杂性，同时也要认识到家长可能会对幼儿怀有愧疚心。因此，教师需要以专业的态度与家长进行沟通和交流。

>>> 【举一反三】

在与重组家庭的沟通中教师可以与家长交流哪些内容呢？可以采取哪些形式和步骤呢？

（浙江省浦江县浦阳幼儿园　胡超楠）

难题26　如何与喜欢私下建立小团体的家长沟通

与家长进行有效的沟通是每个幼儿教师必须具备的能力。教师与家长的密切配合，能让家长更主动地参与到幼儿的教育中。家园沟通的关键在于建立相互信任、尊重、支持的情感桥梁，然而总有些家长喜欢私下建立小团体，面对这样的家长时，教师又该如何与他们沟通呢？

张老师是一位年轻的幼儿教师，有三四年的工作经验，第一次带新生班。在新小班开学时，张老师组织家长建了一个微信群，原本是为了老师及时通知重要信息，让家长了解孩子在幼儿园的情况，便于老师和家长沟通。然而不久，有一位家长和张老师说，个别家长另外建了一个小群，并且建群的家长时常在里面说老师各种不好，要其他家长一起"抱团"抗议老师的一些做法。张老师看了之后心里特别难受，不知道该怎么处理家长私下建小群这种问题。

【案例分析】

家长聊天群是一把"双刃剑"，它可以让家长随时交流育儿经验，分享自己的育儿心得，但同时也会产生一些让其他家长和教师头痛的问题。在上述案例中，张老师遇到了喜欢建立小团体的家长，这位家长拉上其他几位熟悉的家长单独建了一个小群，并且在小群里议论教师的做法，既会影响教师的工作，也会破坏班级秩序。

1. 家长意见不一致而引发的矛盾

不同的幼儿家长对幼儿教育会有自己不同的理念和见解，也会有自己独特的教育方法，这难免就会造成教师与家长或家长与家长之间产生一些意见与分歧。有的家长在自己建的小群中表达个人意见时，可能会语言不当，甚至带有强烈的个人情绪，造成聊天群气氛紧张，影响人际关系和谐。有的小群里的家长可能并不认同建小群的家长的观点，将群里的讨论告诉给老师，势必会造成教师与家长之间的隔阂。

2. 个别家长无中生有

私下"抱团"的家长还可能在并不了解事实真相的时候，用激烈夸张的言辞将小事变大，甚至无中生有。如案例中的家长在对张老师有所不满的时候，并没有积极地与老师沟通，而是在小群中"抗议"，久而久之可能会导致其他家长对老师产生不信任。

【破解策略】

《幼儿园工作规程》第52条指出："幼儿园应主动与幼儿家庭沟通合作，为家长提供科学育儿宣传指导，帮助家长创设良好的家庭教育环境，共同担负教育幼儿的任务。"作为一名工作不久的新教师，可以从以下几方面与家长沟通。

1. 了解原委，个别交谈

由于家庭环境以及家长文化素质的不同，家长对幼儿园教育和班级管理的看法也不尽相同。当教师遇到喜欢私下建立小团体的家长时，务必要引起注意，并通过个别谈话的方式了解这些家长"抱团"的原因，化解他们的不满和负面情绪。个别化家园沟通的方式有家访、约谈、电话、便条以及接送孩子时的交谈等。教师应主动为沟通创造条件。

2. 换位思考，以诚相待

教师要以平等的态度对待家长，尊重他们的人格与观点，耐心地听取家长的合理有益的建议，努力营造和谐、轻松、愉快的交流环境，这样家园才能保持协调一致。同时，教师应以换位思考的方式与家长沟通。幼儿教师很多还未结婚生子，尚没有为人父母的角色体验，因此在与家长沟通时，常常会遇到难以达成共识的局面，这就要求幼儿教师了解父母的角色，并站在家长的角度体会家长的心情，了解家长的真实需求。比如，幼儿在集体活动中有时会受一点皮外伤，家长接孩子时会感到十分心疼，甚至质问老师事情发生的经过。此时，幼儿教师要换位思考，体谅家长的爱子之心，理解家长的心情，这样跟家长沟通起来，彼此的态度就会大不相同，家园沟通就不会受阻。

3．正面交流，达成共赢

通过微信、QQ等聊天软件建立家长群已经成为家园沟通交流的主要渠道。尽管这些群有时会给教师带来一些"麻烦"，但只要教师平时多做一些工作，多进行引导和管理，就可以消除家长群的消极作用，使之成为家园合作的桥梁。当家长私下"抱团"建小群时，教师要及时关注，疏导家长的负面情绪，还可以邀请他们在班级教师建立的大群中交流，让家长群发挥正能量。教师也可以根据家长的需求在群里分享幼儿在园的情况，让家长放心、安心，从而使家园达成共赢。

》【举一反三】

当我们遇到家长对教师表示不满，甚至"挑衅"教师的情况时，又该如何应对呢？

（浙江省宁波市第一幼儿园　潘亚华）

难题 27 如何与产生抵触情绪的家长沟通

如今在特殊儿童的教育问题上，社会普遍提倡无差别教育，希望他们接受正常教育，其中随班就读是特殊教育发展的新格局和模式之一，是指特殊儿童在普通教育机构中和普通班儿童一起接受教育。但特殊儿童的存在也容易引起其他幼儿家长的担忧和抵触情绪，那么教师该如何面对家长的担忧？又如何消除家长的抵触情绪呢？

> 昊天是一位脑积水患者，他的智力发展极其缓慢。刚来林老师班级时，他学习专注时间极短，没有一刻是安静的，进行活动时总是离开位置，经常突然起身走出门外；与小朋友一起玩耍时，常常抢其他幼儿的玩具；有时候会顺手抓起玩具扔向同伴，经常破坏班级中的物品，比如，会把孩子们擦手用的毛巾都揉成一团扔到桶里、把小朋友的美术作品撕烂……孩子们经常向老师、家长告状，很多家长因为自己的孩子受到影响，而向林老师反映，要求将昊天小朋友劝退。林老师总是耐心地向家长说明昊天的情况，并表示自己班级的两位老师会积极协调，防止类似事件的发生。家长们听后也觉得这样的孩子挺可怜的，态度没有那么强硬了。林老师也经常和昊天的妈妈沟通，积极了解昊天的治疗情况，给予昊天更多的爱和耐心。慢慢地，昊天喜欢上了自己班级的老师，看到老师总是会热情洋溢地叫个不停，慢慢地也能听进去老师对他说的话，攻击小朋友的行为渐渐减少，但在学习活动中专注时间还是很短，在活动中会显得不耐烦……

》【案例分析】

1. 幼儿方面

昊天是一位脑积水患儿，由于先天的原因，他的智力发展停留在两岁半左右的水平，所以对自己的行为没有清晰的判断，存在多动、任性、固执、破坏公物等不良行为。班级部分幼儿由于没有和特殊儿童交往的经验，面对昊天的破坏和攻击行为，无法自主协商解决，而选择向家长、老师告状，对昊天有所排斥。

2．家长方面

由于只是听从幼儿告状，家长了解的都是事件的负面影响，并不了解幼儿在园的真实情况，担心自己的孩子会因为模仿昊天而学到不好或者不适宜的行为，担心昊天会伤害自己的孩子。加上特殊幼儿会占用教师更多的精力，因此家长担心老师无法很好地照顾其他幼儿，给整个班级的正常秩序带来不良影响。此外，家长在观念上认为特殊儿童应该去特殊学校接受特殊的教育，对全纳教育理念并不了解，不知道全纳教育带给孩子们的积极作用。

3．教师方面

林老师是一位有着多年带班经验的班主任，她用耐心和爱心感染了班级的家长，引发了大家对昊天小朋友的同情与关心，所以家长在态度上渐渐有所改变。但由于班级教师没有受过与特殊教育相关的培训和学习，缺乏系统的知识，所以在教育昊天时经常有一种无力感，在引导他的学习、生活方面比较茫然，对他的需求不能做出敏感且准确的判断，有时候甚至完全不知道从哪里下手，收效甚微。

>> 【破解策略】

我们可以借鉴案例中林老师的一些经验和做法，同时作为幼儿园教师，也应该了解特殊儿童与其他正常幼儿不同的心理特点，采取正确的教育方式，消除家长的后顾之忧。

1．理解家长，激发家长的同情心

其实，家长出现抵触情绪非常正常。如果班级出现一位特殊儿童，他会给整个班级带来什么变化？自己的孩子会不会因为模仿他而学到不好或者不适宜的行为呢？他会不会伤害到自己的孩子？对于家长的这些担忧，教师首先要予以理解，耐心倾听家长的意见，针对家长反映的情况及时进行处理，加强班级管理，防止负面事件的发生。

同时，在班级的互动空间里展示、介绍班级中特殊幼儿上幼儿园以来的变化，以及他也有渴望结交朋友的愿望等，激发家长的同情心，让家长感受到特殊儿童也是可爱、天真的孩子，不能因为他有某方面的缺陷，就对他区别对待。

教师还可以通过讲座、宣传窗、自媒体等平台，宣传我国特殊儿童教育的现状，逐渐形成尊重和理解特殊儿童随班就读的氛围，从而使家长能够理解并愿意帮助他们。

2. 正确认识，接纳特殊儿童的不同

"特殊"这个词存在于成年人的意识中，它来源于成人对有特殊需要的幼儿的不了解和由此产生的担心。幼儿的头脑中并没有什么"特殊"的概念，他们在接纳有特殊需要的同伴时，跟面对普通朋友一样自然。幼儿从小接触到客观存在的差异，对培养幼儿懂得尊重生命，将来形成人人平等的理念很有帮助。所以普通的班级中有一位特殊幼儿，不权有益于这位特殊幼儿的成长，而且对所有正常幼儿的发展都十分有益。同样，特殊幼儿的存在也会冲击成人的思想意识，改变成人的认知与看法。

所以，教师要让家长认识到，当身边出现这样一位特殊幼儿时，应用包容鼓励的态度，教孩子面对特殊幼儿身上突发的状况，怀着一颗爱心接纳他们，让他们感受到来自朋友的温暖，这对孩子来说也是一种成长。

3. 转变观念，宣传全纳教育理念

随着社会的发展和进步，全纳教育理念越来越受到世界各国的认可，包括有特殊需要的儿童在内，所有儿童都应该拥有平等接受教育的机会，让有特殊需要的儿童在正常的环境中成长，才是对他们发展最有利的，这样的理念已经得到了证实。其实无论现在的科学和医学多么发达，每个国家、每个地区每一年都有一定比例的残疾婴儿降生，这是客观存在的事实，是我们无法回避的。

此外，教育的平等已经成为衡量社会平等和文明进步的一个重要指标，特别是近几年，更加强调普通学校要无条件接受所辖范围内的残疾儿童入学。幼儿园可通过家长学校、家长会等活动，宣传全纳教育理念，增进家长对特殊儿童随班就读的认识，从而支持和配合幼儿园开展特殊儿童随班就读工作，共同教育有特殊教育需要的儿童，有效促进幼儿的全面发展。

4. 建立制度，保障特殊教育质量

建立有效、完善的制度是幼儿园特殊儿童随班就读教育质量的有效保障，因此，教育部门和幼儿园应积极建立有效的制度，完善特殊儿童的教育问题，解除家长的后顾之忧。

幼儿园应为普通教师提供随班就读培训的学习机会，接受一些特殊教育课程、讲座、培训，帮助教师了解幼儿的一些异常表现及其原因，掌握一些实施特殊教育的方法，定期开展有关特殊儿童教育的教研活动，积累特殊儿童的教育工作经验。

另外，幼儿园应配备一名经过系统培训的"特殊辅导师"，指导班级教师进行专业化的教育，对班级的特殊儿童进行系统的训练、帮助和指导。这样，特殊儿童在专业教师的陪伴下，才能在幼儿园获得成长。

》【举一反三】

如果某些普通儿童的特殊行为引起家长的抵触情绪，那么教师又该如何解决呢？

（浙江省乐清市实验幼儿园　黄乐丹）

难题 28 男教师如何与家长沟通

一名优秀的幼儿园教师，不仅需要掌握丰富的专业知识，还要具备与家长进行良好沟通的能力。教师如果善于利用家长资源，那么，不但会将幼儿的家园共育工作做得出色，而且可以帮助家长解决很多棘手的问题。而在幼儿教师队伍中，少数的男教师总会引起家长的关注。家长对于男老师的看法褒贬不一，使得男教师在和家长沟通的过程中产生不少阻碍。

中班第一学期，中三班的胡老师休产假，幼儿园安排了一位男教师鲍老师负责班级管理工作。鲍老师一来，班里的家长们都炸开了锅，一下子提出了很多疑问。

可乐爸爸说："毕竟男老师没有女老师细心，他能照顾好孩子们的生活吗？"

广懿妈妈说："我们班一直都是三个女老师，突然换了一个男老师，小朋友能适应吗，男老师的管理风格适合幼儿园小朋友们吗？"

糖糖妈妈则说："现在网络上有那么多关于男老师负面的新闻，女孩子睡觉、换衣服、上厕所都不能避讳男老师，让我怎么放心呢？"

"就是，男老师要天天跟孩子在一起，算起来比我们陪孩子的时间还要长，男老师真的行吗？"依依爷爷说。

"幼儿园都是一些琐碎的事情，比如，被蚊子叮了包、梳头，男老师能关注到所有小朋友吗？"

不过也有赞同男老师的家长说："男老师也好，男孩就需要男老师来培养。"

"对，也有细心的男老师，说不定就是一个温暖的奶爸呢。"

"让孩子们接触一下不同的老师也未尝不可。既有男老师又有女老师，小朋友的性别意识会比较强，有利于小朋友的性格发展。"

"也不是所有男老师都是'坏人'，我们要相信幼儿园的每一位老师。"

>> 【案例分析】

一直以来幼儿园教师基本上都是清一色的"娘子军",这已经是一种常态,并被大家认可。的确,从教学实践来看,女教师因为心细,容易与幼儿沟通、拉近距离,比较适合幼儿园教师这一岗位;从教学质量来看,由于幼儿教育阶段重点在"管",这些都比较适合女性来承担。可是事情总有两面性,男教师也许没有女教师细腻,但并不是所有男教师都是不称职的,什么事情都不能一概而论。

在活动中,女教师总是想着保护幼儿,不让幼儿受伤,在危险的情况下,宁愿放弃活动也要保证幼儿的安全。而男教师倾向于鼓励幼儿勇敢、独立、大胆尝试,让幼儿有尝试新事物、领教新问题的机会。就像在一个家庭中,母亲总担心孩子会累着、伤着。而父亲更注重孩子独立性、生活自理能力的培养,更喜欢带孩子运动,有助于扩大孩子的社交范围,丰富孩子的社交内容,满足孩子的社交需求。

>> 【破解策略】

1. 多途径沟通,彰显优势

现在科技发达,人们通过手机获得各种信息,男教师既可以使用电话、QQ、微信等通信工具,主动和家长交流,也可以抓住每次和家长面对面交流的机会,如家访、家长会、早晚接送等,充分展现男教师的优点,逐渐让家长明白男教师对幼儿的性格、思维、行为的发展以及性别角色认同都有特殊的意义。

2. 主动沟通,了解幼儿的情况

男教师不能因为家长的不理解和质疑,就疏忽了和家长沟通。男教师应主动与家长交流,一方面向家长反馈幼儿的在园情况,另一方面从家长那里多了解幼儿的性格特点、生活习惯等,以便在一日生活中对幼儿进行有针对性的教育。男教师要在沟通中让家长充分认识到——"虽然我是一名男老师,但我对每个孩子都很在意,对每个孩子都尽心尽责。"克服传统社会对幼儿园教师女性化的刻板印象。

3. 尊重家长，态度友好

男教师在与家长沟通时，一定要尊重家长。即使家长不理解教师的处境，有各种不满和意见，男教师也不能带着情绪，甚至以教训的语气和家长交流，这种做法是十分不可取的。面对家长的质疑和询问，男教师要充满耐心，认真地解答。懂得尊敬家长的教师，才能获得家长的尊重，才能在工作中树立自己的威信。

4. 促进自身发展，获得家长的专业认同

幼儿园男教师可以积极主动地通过主题沙龙、专题研习、工作坊体验等多种形式进行专业知识学习，为自身充电。只有找准自己的专业定位，促进自身不断发展，才能获得家长的认同，才能在与家长的交流中更有底气，更顺畅。

>>> 【举一反三】

如果男教师遇到家人不支持、不理解自己的工作，那么又该如何处理呢？

（浙江省宁波市鄞州区金色幼儿园　胡巧）

第三章

如何与同事沟通

在幼儿园,同事关系是教师工作中人际关系的一个重要方面,具体表现为教师与园领导之间的关系、年级组教师之间的关系、班级内教师之间的关系、新老教师之间的关系等。同事关系看似错综复杂,但只要具备一定的沟通技能,懂得一些同事之间相处的"艺术",幼儿园同事之间的关系一定会非常融洽。

无论身处哪个岗位,每位教师都需要充分认识到:只有大家凝聚成一股力量,幼儿园的工作才能正常开展。幼儿教师要加强沟通,宽以待人;沟通双方要相互信任,善于传达、倾听、协调,学会与人达成共识,并且互相秉承开放、坦诚的态度,彼此交换意见和想法,学会悦纳,相信任何问题都能迎刃而解!

难题 29 如何与配班教师沟通

在幼儿园生活中，班级是幼儿生活的最小单元，幼儿园教育最终需要通过班级的教育落实到幼儿。每个班级幼儿在园的一日活动都是由主班教师、配班教师和保育员负责的，幼儿园的班级工作需要三位教师相互理解、相互支持。其中，主班教师与配班教师的工作职责是密不可分的，它要求主班和配班之间必须相互合作，才能更好地促进班级的一日活动和生活游戏的开展。那么主班教师和配班教师如何沟通才能促进双方的合作呢？与不同性格、不同教龄的搭班教师又该怎样沟通呢？

✍ **案例一**：小 A 是今年新进幼儿园的一名配班老师，她性格比较内向，但是为人谦和、勤奋耐劳。和小 A 老师搭班的是主班 B 老师，B 老师性格直爽且担任年级组长，平时工作比较繁忙。有一天隔壁班的主班 C 老师来他们班级带班，午睡时配班小 A 老师对主班 C 老师说："我今年刚毕业而且刚带小班，有时候 B 老师让我把一件事做好，我真的不知道该怎么做，真希望有一个有经验的老师来帮帮我，带带我。"主班 C 老师说："你的主班是年级组长，她就很优秀啊，你怎么不向她请教呢？""她平时比较忙，而且说话比较严厉，我害怕自己做不好。"小 A 老师说。"其实，刚开始我和我的配班也不太适应，在做区角游戏的时候我总是想着'她也是班级的一分子，怎么不一起想一想呢'，经过一段时间的磨合，现在她也能够帮着提点意见和建议。"主班 C 老师说。§

✍ **案例二**：王老师和李老师是大一班的两位老师，她们教龄相仿，性格却截然不同。幼儿园下达了任务：每班各自设计中秋节班级活动方案。主班王老师和配班李老师在商量的过程中陷入了僵局。主班王老师因为没有更好的点子而沉默不语，而配班李老师则觉得："我不是主班老师，即使有好的建议也不能马上就把自己的想法讲出来，这样会让主班老师觉得喧宾夺主。还是等主班老师有想法以后，再去配合她或者提一些修改性的建议。"§

◆ 案例三：中一班的配班赵老师在休产假，大班的孙老师来接替中一班配班老师的工作。今天下午是主班严老师带班，小朋友像往常一样吃好点心后陆续搬起小椅子坐到中间准备上课了。这时候严老师却发现小朋友的椅子摆放得乱七八糟的，有的摆成了横排，有的成了半圆形，还有的小朋友搬着小椅子没有地方放。主班严老师觉得很奇怪：已经中班第二学期了，怎么还摆放不来小椅子呢，以前不都能够整整齐齐地坐好吗？这时候严老师对小朋友们说："赶紧把小椅子摆好，我们准备上课了。"这时候一个小朋友大声喊道："严老师，严老师，新来的孙老师让我们吃好点心后就坐成三排，今天上午孙老师就是让我们这么坐的。"

【案例分析】

在上述案例中，主班教师与配班教师在沟通中存在以下几个问题。

1. 缺少沟通

幼儿园教育不同于小学、初中的教育，幼儿园的一日生活是由主班教师和配班教师轮流更替完成的，所以主班教师和配班教师的沟通就显得特别重要。在以上几个案例中，主班教师和配班教师均缺乏沟通。比如，案例三中，严老师事先没有和孙老师沟通本班幼儿的情况，孙老师也没有向主班教师了解班级的教学常规，正因为缺乏沟通，采取的教育措施不一致，才导致幼儿教学常规难以落实。

2. 角色不清

幼儿园的班级工作需要主班教师、配班教师相互沟通、相互合作，配班教师的角色不清会直接影响与主班教师的合作。在案例二中，配班李老师对于自己的角色认识不清晰，采用了消极合作的方法，缺少积极性和主动性，在班级中只是为了应付性地完成主班老师交代的工作，缺乏班级归属感。在案例一中，虽然小A老师比较吃苦耐劳，但是在与主班老师的合作中一直处于比较被动的状态。由于自身经验不足，对自己的角色缺乏清晰的认识，最终产生无效的合作方式。

3. 沟通方式欠妥

针对不同性格、不同年龄的教师，所采取的沟通方式也应该有区别。例如，案例一中的搭班老师小 A 是一个性格内向的新老师，对各方面情况都不熟悉，主班老师应该耐心细致地与她沟通，并且在一日活动中手把手地教给她具体的步骤；案例三中的配班老师是从大班调来的，因此对中班的情况不是很熟悉，应在具体工作中多听听主班严老师的想法和意见，而不是一味按照自己的想法指挥幼儿。

【破解策略】

《孟子》里面有句话，叫"行有不得，反求诸己"，如果教师之间沟通不畅，那么应该马上从自身找原因，比如，沟通时讲得不够清楚、沟通的方式不容易被人接受以及沟通的次数不够多等。如果在沟通中每个人都能从自己身上找问题，沟通就会更顺畅，可见有效的沟通策略能够促进主班教师和配班教师之间的合作，共同促进幼儿的发展。

1. 事无巨细，保持沟通的习惯

（1）幼儿园教师常分成上午班和下午班，主班和配班教师在上、下午的更替中履行着自己的教育职责，这也说明幼儿的一日生活并不是一直处在一位教师的视线下的，所以主班教师、配班教师之间要有意识地与对方沟通，确保班级里的所有信息都是两个人共享的。比如，在中午交接班的时候，主班教师要主动将幼儿上午的情况、发生的事情以及家长早上交代的东西详细地告知下午班的教师，下午班的教师也要将幼儿下午的情况告知接待家长的教师。幼儿园无小事，只有做到事无巨细，保持沟通的习惯，才能避免疏漏。

（2）主班教师除了要与本班的配班教师沟通以外，还要与其他班级的教师进行信息的交流和经验的分享。这样才能够获取更全面的信息，与幼儿园保持步调一致。

2. 主动沟通，学习沟通方式

在保持良好的沟通习惯的同时，主班教师、配班教师要学会正确、主动地沟通。沟通的方式多种多样，可以根据实际情况进行选择。

（1）**口头语言的沟通**。口头语言的沟通是日常生活中最常见的沟通方式。"× 老师，我觉得这个主题墙可以这样设计。""你的建议很好，我们还可以在这个基础上加点色块装饰。""今天，阳阳有点咳嗽，不要给他吃海鲜。""好的。"生活中一些看似简单的对话，这正是两位教师进行的有效的口头语言沟通。

（2）**动作语言的沟通**。在沟通的过程中，有时候一个简单的动作也能够传递信息。配班教师在"颜色变变变"的教学活动中，由于紧张忘记给瓶盖涂上颜色，导致教学活动不能继续，主班教师悄悄地拿起瓶盖有颜色的瓶子递给配班教师，配班教师接过瓶子继续教学。像这样的例子在幼儿园生活中数不胜数，除了口头语言，主配班教师之间的一颦一笑、一个动作，甚至一个眼神都是最好的沟通方式。

3. 角色不清，改善沟通方式

沟通是人与人之间思想和感情传递、反馈的过程，在上述案例中，配班教师消极、被动的合作方式都源于对自己的角色认识不清。有的教师刚入职场对于很多事情都不懂，有的教师缺乏良好的角色意识，有意或无意地模糊自己的角色。因此在沟通的时候，主班教师和配班教师首先要认清自己的角色，摆正位置，这样才能有效地沟通。

（1）**与年轻配班教师的沟通**。在与年轻配班教师沟通时，主班教师首先要以平等的姿态与其交流，切忌用命令的口吻让配班教师去做事。在沟通探讨问题时，应本着相互尊重的原则，用温和的态度来沟通。在沟通过程中，新教师可能由于经验不足不能提供有价值的点子，但是主班教师要认真地倾听配班教师说了些什么，了解配班教师的想法。

（2）**与资历老的配班教师的沟通**。老教师虽然处于配班的位置，但是由于她教龄丰富，积累了很多知识和经验，所以在与老教师沟通时，要善于发现她身上的闪光点和特长。在沟通的时候共同商量、取长补短，从而做到支持对方的工作，分享彼此的成功与喜悦，最终形成默契的合作。

4. 发挥长处，增加沟通效果

与配班教师沟通时，主班教师除了要学会沟通的方法，养成沟通的习惯以外，还要正确地认识、表现自己的长处，充分彰显个人魅力，增加彼此沟通的机会，增强沟通的效果。

>> 【举一反三】

如果配班教师是一位有行政职务的教师，那么主班教师该如何与其沟通呢？

（浙江省宁波市宁海县实验幼儿园　周丹丹）

难题 30 如何与班级保育员沟通

保育员是幼儿园里负责照顾幼儿生活的人员。保育员在幼儿的发展中扮演着照顾者、教育者等多种角色，对幼儿的身心健康发展、行为习惯养成等方面均产生深刻的影响。班级保育员工作是幼儿教育工作的重要组成部分。班级教师只有和保育员建立良好的沟通与合作，才能管理好整个班级。

> 某日放学后，徐妈妈和我聊到班级卫生，坐在小椅子上的她顺势用手摸了下椅子的底板，称赞道："我们班卫生做得也太好了吧！一天下来椅子的底板都这么干净！"我连忙大声告诉正在忙活的保育员，"徐妈妈夸你呢！"保育员陈姐开心地跑过来对徐妈妈说："梁老师对我可好了！都舍不得叫我阿姨！我要为她争口气，对小朋友好，把班级卫生搞好！"说完又乐呵呵地回去干活了。
>
> 多年过去，虽然陈姐因为家庭原因只在幼儿园工作了短短两年，但每每想起她那句"梁老师舍不得叫我阿姨"，我心里都是暖暖的。当时我只是觉得年龄差距不大，叫"姐姐"更恰当些，没想到在无形中拉近了我们之间的距离。
>
> 前年接手新班时，合作了多年的朱阿姨主动来电话要求和我一起搭班，我欣然答应（教师和保育员之间可以双向选择）。第二天，我把这个消息告诉一起搭班的陈老师，没想到她满脸愁容地说："这个阿姨很懒，之前在大三班看我们年轻，还会欺负我和骆老师。"我听后一脸茫然。朱阿姨是有点小脾气，但之前和她的合作都非常融洽，她在生活上也特别照顾我。我安抚了半天陈老师，请她不要过早下定论。果然，在接下来的合作中，朱阿姨就和往年一样，除了照顾小朋友的一日生活，还会关照我们。陈老师说："你们老教师对阿姨就是有一手！"我说，相互间的信任会让彼此安心，让沟通无障碍，工作才会做得顺手。

>>> 【案例分析】

一般来说，保育员的文化水平相对较低，在班级中主要负责班级卫生清洁消毒、照顾幼儿保育等服务工作，很多不熟悉保育工作的人就为保育员冠上

"保姆"的称号。如果遇上对工作性质认识不到位、自尊心又特别强的保育员，一旦沟通不当，班级保教工作将很难达成一致。一些工作年限长的保育员在小群体中也会倚老卖老，刁难年轻教师，或者故意不配合年轻教师的工作，以显示自己并不"低人一等"。

有些态度强硬的教师用命令式的语气为保育员分配工作任务，造成保育员带着情绪工作，有时甚至将负面情绪转移到幼儿身上，直接影响班级幼儿的身心健康；有些新教师见沟通无效，索性直接放弃对保育员工作的指导，对保育工作听之任之。如果因班级保育工作做得不到位而引发传染病交叉感染或安全事故，那么后果不堪设想。其实班级教师与保育员的沟通没有想象中那么难，案例中的梁老师与保育员以诚相待，互相尊重，不仅彼此沟通无障碍，而且把班级工作做得有声有色。

【破解策略】

1. 了解工作性质，增强自我认知

要让保育员明白，保育工作是幼儿教育工作的重要组成部分，因此，保育员和班级教师一样，都是班级的主人。在学期初，班级教师可与保育员一起开会，商讨本学期班级的管理方式及预期达到的目标，分析幼儿的情况，听取保育员的意见或建议，一起制订班务计划，让保育员产生班级的主人翁意识，消除自己是"班级保姆"的肤浅认识。

2. 树立良好形象，增加工作热情

首先，教师要端正自己的工作态度。幼儿园的工作烦琐细微，很多教师在工作压力大的时候喜欢抱怨，其实这样的负面情绪不仅会影响同事，也会影响合作的保育员。"不论心情怎样，活都是要干的，还不如带着好心情干！"其实好情绪更容易感染身边的人，如果带班教师积极、向上、热心工作，保育员也会受影响，不好意思在工作中"偷懒"。

其次，教师要帮助保育员在幼儿和家长心中树立良好的形象。

（1）在新生家长会上介绍保育员，并让家长了解保育员的工作，使其认识到保育员在班级中的重要性。

（2）让保育员与家长建立良好的沟通关系，当家长询问幼儿在园的表现时，

可适当让保育员参与话题。当然，可以事先和语言表达能力较弱的保育员沟通好交流的方式，这样能让她更加自信地和家长交流。

（3）多在幼儿面前称赞保育员，让幼儿感谢保育老师对班级的付出。这样不仅能增进保育员与幼儿之间的情感，也是对保育员工作的一种肯定。

3. 用心沟通交流，增进相互信任

幼儿园教师戏称自己"无所不能"，"这边上课游戏当爹当妈，那边还要察言观色充当心理专家"。教师不仅要关注幼儿的情绪，也要适当地关心保育员的情绪状态，及时帮助她调整自己，尽量不要让消极情绪影响班级保育工作的正常开展。

在工作空闲时间，教师可以和保育员聊聊家常，其实她们的某些生活经验远比教师丰富，比如做菜、一些清洁的小窍门、植物的种植方法等，轻松的聊天内容和方式更能拉近两人之间的距离。

多站在保育员的角度去看问题。当班级保育工作不过关时，不要急着怪罪保育员，而要安抚她的情绪，再帮助她分析没做好工作的原因，然后一起调整工作方式。谅解彼此的失误，尊重彼此的劳动成果，在工作中相互帮助，是建立信任的最佳方式。

【举一反三】

教师与自己班的保育员需要进行良好的沟通，那么和其他班级的保育员又怎样进行沟通呢？

（浙江省乐清市机关幼儿园　梁茸茸）

难题 31 如何与平行班教师沟通

幼儿园是一个以女性为主要工作群体的单位。女性的个性细腻敏感，适合幼儿教师这项工作的需要。但女性往往会在一些小事上争执不休，同事之间最容易形成利益关系。如果不能正确处理这些小事，就容易形成嫌隙，产生矛盾。平行班教师之间由于承担任务、教师分配、教学成绩、领导评价等方面的不同，教师内心会产生不平衡、不和谐，甚至面和心不和的问题，为整个教师团队的发展带来不利影响。那么如何与平行班的教师进行沟通呢？在沟通的过程中又需要哪些技巧和策略呢？

为迎接"六一"儿童节，年级组长策划了"帐篷节"活动。为了活动顺利开展，年级组长在中班QQ群里发布了活动方案以及需要做的前期准备工作，各班老师都在群里回复"收到"，唯有中一班老师没有反应。由于活动前期需要准备的材料较多，年级组长没有在QQ群里继续留言，而是决定在下班前召开年级组会议，告知各个班级老师活动的具体事项和分工。下午开会时间到了，中一班老师迟迟没有来，年级组长打电话给中一班班主任李老师，结果李老师称没有接到通知，有些闷闷不乐。在开会的过程中，其他班级针对活动的内容展开讨论，中二班王老师提出很多建设性的意见，而中一班李老师总是插不上话，王老师就开玩笑说："你们外国当然不知道我们中国的事情喽！"李老师听后心情非常不好，觉得大家是不是开过小会，唯独漏了自己班。"帐篷节"活动如期开展，在搭建帐篷准备午睡的环节，中一班与中二班因为争一块阴凉的地方而起了冲突，中二班认为按照原定计划搭在这里没错，而中一班则认为为了避免孩子晒到太阳搬过来也没错，结果中一班把中二班的帐篷移出了原定地点，而中二班的老师又将帐篷移回到原定地点，最终，两个班挤在一起，互不相让，事后，两人互相翻出"旧账"，都觉得错在对方。

>> 【案例分析】

上述案例中，两位平行班教师在沟通时存在以下几方面问题。

1. 放大自我，把个人情绪带入工作

年级组长在 QQ 群发布任务的时候，李老师由于自身的原因没有及时了解活动内容，而产生了"开小会"的猜测，并将这种"不开心"的情绪带到工作中，进而引起后面与平行班教师的冲突。这样的态度会让平行班教师认为其难以"接近"，产生隔阂。久而久之，李老师就产生了大家有意"孤立"自己的想法，并采用"不开心"的方式表达心中的不满，造成恶性循环。

2. 忽视他人，在嘴巴上占便宜

同事在相处中，有些人总想在嘴巴上占便宜。有些人喜欢说别人的笑话，占别人的便宜，虽是玩笑，也绝不肯让自己吃亏。在年级组会议中，王老师虽然提出了许多建设性意见，但丝毫没有顾及李老师的感受，开玩笑的话语不仅没有缓解李老师的情绪，反而让她觉得自己被"孤立"是大家公认的事实。平行班之间的关系比较微妙，如果每个班的教师都以自己的方式特立独行，那么很容易在不知不觉中产生矛盾或隔阂。

3. 各自为政，缺乏大局意识

许多同事平时一团和气，然而遇到利益之争时就"当利不让"，嫉妒心发作，在背后互相谗言，说风凉话。这样做既不光明正大，又于己于人都不利。在案例中，原本需要共同完成的年级活动，变成了平行班之间的"争夺"。中一班和中二班的教师没有从解决问题的角度出发，而是以"利己主义"心态，用强硬的方式来表态，导致"挤在一起"的僵局。表面上看，一个为了幼儿，一个按照计划，似乎都没有错，但最终以"互翻旧账"的方式指责对方，将平行班之间的矛盾激化了。这些问题都严重影响着平行班教师的有效沟通。

>> 【破解策略】

同一年龄段的班级称之为平行班，平行班之间的教师需要在一起接受相同的任务，如环境布置、户外器械制作等；一起组织相同的活动，如年级组活动、家长开放日等，教师在每件事情上要共同商讨、共同完成、共同收获。因此，平行班教师之间如果能形成良好的同事关系，对幼儿教师获得职业幸福至关重要。在日常交往中，幼儿教师不妨注意把握以下几个方面，来建立融洽的同事关系。

1. 认识自己，了解他人，快乐心情是沟通的前提

与同事和谐相处，既要认识自己，又要了解他人，弄清彼此的行事风格。只有认识了自己、了解了他人、尊重彼此的个性，才能与同事顺畅地沟通，形成和谐融洽的工作环境。此外，在工作中，在和同事交往时应该热情一些，真诚地喜欢同事、帮助同事和赞美同事，将自己在生活和工作中的快乐和大家分享。因为对快乐的追求是每个人的本性，我们都喜欢给自己带来快乐的人。幼儿教师要有意识地培养自己这方面的能力。在和同事交往中要学会付出，"赠人玫瑰，手留余香"，为别人带来快乐的同时，自己也会拥有幸福感。人际交往的温暖会让每个人都感觉内心充满阳光，幸福心理学研究表明，做好事并为他人提供力所能及的帮助，会让自己拥有好心情并且幸福感会明显上升。

2. 尊重他人，尊重自己，真诚协作是沟通的关键

在幼儿园，最密切的同事关系是共同搭班的老师，以及平行班的老师。因此，每一位幼儿教师都要精心呵护与平行班老师的关系，相互尊重，相互体谅，相互支持。虽然平行班老师之间有明确的分工，但在平时的工作中，每个人要尽力主动承担一些任务，主动付出，这样会赢得好人缘。在工作中遇到问题，要与平行班老师积极沟通。在幼儿园，不论是大型活动，还是日常教学，教师会遇到许多事情需要相互协同完成。这时，不要自作主张，而要真诚地和同事商量，以便在具体工作中得到同事的支持。比如，可以说"这件事，你看怎么办好""大家看这样做行不行"。这样经过反复协商确定的行动方案，才会在实施过程中获得大家的认可，同事之间的关系才会更和谐，工作效率才会更高。

3. 平等相处，谦虚随和，宽容大度是沟通的境界

对于幼儿教师来说，不论是在幼儿园工作了很长时间的老教师，还是在教学竞赛中脱颖而出的年轻教学能手，都应摒弃不平等的关系。与同事相处时切不可表现出高人一等的样子。同事之间由于阅历、立场等方面的差异，对同一个问题，往往会产生不同的看法，引起一些争论，一不小心就容易伤和气。因

此，与同事相处要注意以下几点。

（1）**不要过分争论**。从客观来说，每个人接受新观点都需要一个过程，再加上"好面子""争强好胜"等心理作祟，幼儿教师彼此很难轻易说服对方，此时如果过分争论，就容易激化矛盾，进而影响幼儿园工作的开展。

（2）**遇到问题对事不对人**。面对问题，特别是在发生分歧时，要努力寻找共同点，争取求大同存小异。如果不同意同事提出的意见，可以阐述自己的理由，从正面论述，对事不对人。切不可语带讥讽，好为人师。"真奇怪，你怎么会有这样的想法"，类似这样的话语常表达出对他人能力的怀疑，会伤害他人的自尊，难以赢得合作。

（3）**退一步海阔天空**。俗话说，"冤家宜解不宜结"。在与同事发生矛盾时，要主动忍让，从自身找原因，多为他人着想，避免矛盾激化。如果已经形成矛盾，自己确实做得不对，那么要放下架子，学会道歉，以诚感人。退一步海阔天空，如有一方主动打破僵局，彼此之间的隔阂就会逐步消除。

（4）**用平和、宽容的心态善待他人**。在处理和同事的关系时，心态一定要平和淡定，不要人为地将同事分为"朋友"和"敌人"。在与同事交往时要多一些包容，不求全责备，做到宽以待人。每一位幼儿教师都应该做到不仅能够容人所长，善于欣赏别人，同时也要学会容人所短，做到换位思考，善于体谅别人。真诚和宽容有助于扩大交往空间，也有助于消除人际之间的矛盾，增加同事间交往的愉快体验。

总之，能够在同一所幼儿园成为平行班的老师，是每一位幼儿教师在职业生涯中收获的一笔财富，应该珍惜这份缘分。幼儿教师之间只有相互学习，相互配合，才能不断促进彼此快速成长。

>> **【举一反三】**

如果说平行班中有一位教师特别受到领导的器重，那么这位教师以及其他平行班教师在工作中又该注意些什么呢？

（浙江省宁波市宁海县实验幼儿园　陈海俏）

难题 32 如何与幼儿园领导沟通

在教师工作中,具备良好的沟通能力至关重要,因为即使再优秀的教师,也不可能脱离社会、脱离集体而独立存在。从教育过程来说,教师既是教育方针的执行者,又是教育措施的贯彻者。因此,教师需要正确处理个人与集体的关系,只有进行有效的沟通和交流,才能融入教学集体,开展良好的教学工作。与幼儿园领导(包括教研组长、园长等)的良好沟通,是幼儿教师顺利开展教学工作的基本前提,是教学相长的重要条件,是实现个人价值的基础。那么,作为一名幼儿园教师,在与领导沟通时会出现哪些常见的问题,又该掌握哪些基本的技巧呢?

陈老师是一位教学水平很高的中班幼儿教师,但不擅长与领导沟通。有一次,陈老师的父亲生病住院了,而搭班老师又快要生宝宝了,但家长开放日和省级督导评估接踵而至。接二连三的事务令陈老师应接不暇,于是与搭班老师商量,想趁她还没生产,班级提早进行家长开放日的活动。但在与教研组长沟通时,陈老师只提到自己班已经商量好了,要提早进行。由于陈老师平时很少与教研组长沟通,彼此关系也不怎么融洽,教研组长听后认为家长开放日是全园统一的工作安排,不能擅自更改时间。陈老师一听就急了,认为教研组长有意为难她。两人一直争论不休,最后只好请园长出面来协调。

【案例分析】

上述案例中,教师在与教研组长的沟通中存在以下几方面问题。

1. 认识不到位

许多时候,教师会认为教育工作讲求的是实打实的业务,只要自己教学水平高,把班级管理好就可以了,忽视和领导的沟通。因此,在与领导沟通时也常不能摆正自己的位置。案例中的陈老师就是这样一位幼儿教师,她教学水平很高，对班级管理也很在行，常认为自己的主张都是对的，平常不太在意跟领导沟通，常常自行其是，自搞一套。

2. 沟通走极端

教师在与幼儿园领导沟通时常常会出现两种极端情况：一种情况是完全不主动，基本不去积极沟通。而另一种情况恰恰相反，事无巨细，早请示晚汇报。这两种情况都会影响教学的开展。案例中，由于陈老师很少与教研组长沟通，彼此之间关系不融洽，缺少良好的互信关系，造成工作很被动。

3. 沟通缺技巧

有些教师往往听不进领导的意见，在与领导的观点产生冲突时，不知道迂回处理，导致矛盾激化。案例中的陈老师由于缺乏沟通技巧，与教研组长产生矛盾，不仅没有得到教研组长的理解，而且跟教研组长的人际关系进一步恶化。这些问题都严重影响了教学的开展，最终必然会影响其个人和班级的发展。

》【破解策略】

教师与幼儿园领导的良好沟通是顺利开展工作的必要条件，必须加以重视，可以从以下三方面做起。

1. 尊重为先，注重方式方法

敬人者，人恒敬之。只有懂得尊重别人，才能得到别人的尊重。作为一名教师，应当以事业为重，尊重领导，理解领导的难处，支持领导的工作，认真完成领导分配的各项任务，这样必然会得到领导的赏识。在教学工作中，如果遇到与领导意见不一致的情况，可以换种方式委婉地表达自己的想法和意见，。只要是从教学工作出发，本着解决问题的态度，摆事实，讲道理，相信领导会充分理解。在平时，要与领导主动打招呼，消除对领导的恐惧感。良好的交往能够促使上下级之间关系更融洽。关系融洽了，才能相互支持，密切配合做好教育工作。

虽然教师与领导是上下级关系，但二者在人格上是完全平等的，只是分工不同而已。幼儿园的发展，教学任务的完成，需要教师与领导共同努力。教师在领导的安排下，有计划、有步骤地完成教学任务。同时，领导要对教师的工作给予支持。教师与领导的关系如同乐队和指挥，只有二者配合默契，才能演奏出幼儿园和谐发展的乐章。

2. 积极主动，建立良好互信

教师应当在教育教学工作中充分发挥主观能动性，学会主动交流。事实证明，事前主动汇报远比事后被动解释更有效，也能够及时采取应对策略。对于那些耗时长的工作，则应该随时汇报进展情况，便于领导及时了解和掌握。总之，及时主动地汇报能够提高工作效率，能够与领导之间建立良好的互动。

作为一名园领导，肯定有其过人的地方和值得他人学习的长处。因此，教师在汇报中要秉持虚心求教的态度，主动请领导对自己的工作进行指导，以真诚的态度征求领导的意见。对于领导的回应，即使比较尖锐，也应该以认真负责的态度去反思。只有能够虚心接受领导教诲的教师，才能够使自己得到较快的成长。

总之，在处理与幼儿园领导的关系时，教师应当以大局为重，积极为幼儿园的发展建言献策，做好自己应做的事情。

3. 严谨有据，实现有效沟通

教师与领导的关系是一种同志式的、平等的、团结互助的关系，其区别仅在于分工的不同。教师工作在幼儿教学的第一线，日常保教工作非常辛苦，有着最直观、最深刻的教学体验。因此，在和领导沟通时，教师要做好充分准备，弄清教学的每个细节；简明扼要，如实汇报，不要说自己没有把握的事情；如果需要领导做出决断，那么应当准备两个以上的方案，并且对各种方案的利弊得失分析清楚；不仅要讲自己的想法，还必须摆出准确无误的事实，让领导在教学方面给予更多的鼓励和支持。如果不能严谨有据、真实准确，就很容易误导领导，使其做出不正确的决策，影响沟通的效果。

在沟通中，切忌有意夸大自己的作用，把不属于自己的功劳记在自己的功劳簿上，甚至贬低他人以突出自己的贡献。使用这种方法讨得领导欢心的想法是错误的。是喜就报喜，是忧就报忧，这是高尚人品和良好职业道德的体现。尽管这样做可能会遭受眼前的利益损失，但是只有如此，才能获得长远的发展。

>>> 【举一反三】

如果说与领导的沟通具有普遍性,那么在与教育相关部门(如教研室、教科所、教辅室)打交道时,又该注意些什么呢?

(浙江省宁波市鄞州区绿茵东湖幼儿园　徐侠)

|难题 33| 如何善意地指出同事的缺点和不足

沟通是一门艺术。无论是向领导提出建议,还是与同事交流问题,都需要掌握一定的技巧。无论是赞美,还是批评,不遵循一定的沟通之道,往往会适得其反。"人非圣贤,孰能无过",每个人都难免有这样那样的缺点和不足,而作为一个真正关心爱护他人的人,必然要直面这些缺点和不足,并想办法提出,以帮助他人改正。但不掌握沟通的艺术,则很容易让对方产生抵触心理。那么,如何善意地提出同事的缺点和不足,让对方乐于接受并改正呢?

学期初,幼儿园进行走廊的布置,要求几个老师合作完成。刘老师的个性比较强,她独断地认为将走廊设计成五彩缤纷的海底世界比较适合孩子,并让合作的同事们赶紧行动。有些同事认为这样布置不妥当,刘老师的做法太武断,结果为此发生了争执。年级组长过来后当着这些老师的面批评了刘老师,刘老师一时无法接受,也激烈地反驳年级组长。

园长知道后,马上把刘老师叫到办公室,与刘老师认真地进行沟通。园长首先肯定了刘老师的优点和做得好的地方:"你对工作很认真,也很负责,想法也很好。"然后委婉地提出了建议:"在实施上是否可以多考虑一下其他老师的想法,大家集思广益,一定会做得更好。海底世界整体色调搭配得很好,如果设定几个元素,整合走廊的特点及幼儿的需求,或许更符合整体性这一环境创设要求。"刘老师愉快地接受了园长的建议,回去和同事们好好商讨了一下,设计布置了极具艺术感染力的走廊,给孩子们以强烈的震撼。

【案例分析】

上述案例中,年级组长在提出同事的缺点和不足时存在以下几方面问题。

1. 方式太直接

心理学研究表明，当一个人听到别人的直接批评时，很容易产生消极的防御心理。这种方式会令人颜面扫地，极大地打击人的自尊心。即使批评是善意的，也很难让人接受。案例中的刘老师之所以激烈地反驳，就是因为年级组长提出批评的方式太直接，伤害了她的自尊心。并不是所有人都乐意倾听他人的批评，有些人做错了事，不仅不会坦然地承认，还会找出各种理由为自己辩护。即使面对非常小的疏忽或错误，一般人也很难在他人指正后坦率地承认，更何况针锋相对地质问。

2. 形式欠巧妙

批评他人时，不在于语言是否尖锐，而在于提出的形式是否巧妙。案例中，刘老师是一个自尊心很强的人，即使知道自己错了，也不会勇敢地承认错误。由于年级组长提出批评的形式欠妥当，刘老师感觉对方不给她留情面，心情无法平静，更是无法冷静思考自己的问题，进而通过反击来证明自己，并维护自己的自尊。

3. 分寸没把握好

指出别人的缺点时不懂得点到为止，不懂得给他人留出空间，一味地抓住对方的错误不放，结果只会适得其反。案例中，由于年级组长的批评太过分，刘老师产生了明显的抵触情绪，甚至"以其人之道，还治其人之身"。正是年级组长批评的分寸拿捏得不准，令刘老师下不了台，使之产生了强烈的反感情绪，引发了激烈的矛盾。这些问题都严重地影响着幼儿园教育教学工作的顺利进行。

》【破解策略】

如何善意地提出他人的缺点和不足是幼儿园沟通中常遇到的问题，我们需要开动脑筋，掌握一些有效的方法。

1. 委婉地提出

善意地提出他人的缺点和不足时，需要掌握一定的分寸，懂得取舍，而不是当众揭人的短。委婉地提出，更容易让人接受，达到事半功倍的效果。可以采用先赞美后提示的方法，这样既达到了提示的效果，又维护了对方的自尊，使对方保持心理平衡，理智地接受他人的意见。幼儿园年轻教师居多，而年轻人贪睡，有时上班会迟到。这时候，如果要提示这位教师，首先要找几件她做得特别好的事情。如：赵老师音乐活动搞得非常出色，就可以对她说："赵老师，你的音乐课教得不错，不仅孩子们喜欢，而且家长们也非常满意。多亏了你的音乐教学，这次的幼儿园音乐节才有这么好的效果。"随后，话锋一转，可以说："我们有时想跟你商讨一下幼儿园的音乐教学问题，听听你的意见，可是你早上来得有点晚，往往找不到你，这对我们来说是一种很大的损失。没有你的建议，很多音乐工作没法正常开展。所以，希望你今后能按时上班，不要迟到，怎么样？"如此一来，既达到了提示的目的，又维护了这位老师的自尊。

2. 温和地处置

每个人都有这样的体会，假如别人以温和的方式提出自己的缺点和不足，自己就会心甘情愿地接受。由此，善意地提出他人的缺点和不足，首先，要对他人抱有同情心，不要鸡蛋里面挑骨头，而要学会互谅互让，时刻站在对方的角度考虑问题。这样，说话的语气自然会温和。不宜使用刺激的或者令人不舒服的字眼，更不宜采用质问的语气。否则即使对方嘴上承认，心里也会不服气。在提示对方的同时，也要清楚地说明自己的期待，这样可以让对方从另一个角度来接受提示的内容。

教育大家陶行知先生有一次遇到自己的学生偷了寺庙里的木鱼，于是他对学生们心平气和地说了这样一段话："有的同学喜欢用木鱼演奏乐曲，动机是好的。可是现在寺庙里发现丢了一只木鱼，这木鱼是和尚用来吃饭的家伙。我们总不能只顾自己欣赏音乐，却断掉人家的生路吧。我相信拿人家木鱼的同学只是一时糊涂。希望他在没有人的时候，可以悄悄地把木鱼归还到原来的地方。菩萨会保佑他，我们也不会怪罪他。"陶行知在提示学生时，没有说抽象的大道理，而是用随和的语气讲述和尚的"生路"。他的话语平易近人，没有粗暴的教训，也没有居高临下的态度，很容易让人接受。这样的说话方式值得幼儿教师学习。

3. 把握好尺度

在提示别人的时候，一定要把握分寸，点到为止。不该说的话不要说，提示的话不要一股脑儿说尽。心理学领域有一种"超限效应"，指的是刺激太多、太强或者作用时间太久，会令人非常不耐烦，让人产生逆反心理。因此，提示教师时，要尽量用一两句话就使对方明白，而不是喋喋不休地唠叨个没完，使对方陷入窘境，产生逆反心理。具体来说，在把握尺度方面要注意以下几点：

（1）**对事不对人**。提示是让对方意识到自己的缺点和不足，而不是用来发泄个人情绪。许多人不懂得怎样提示别人，错误地认为提示就是对他人的责骂，总是习惯说："看看你做的这件事情，就知道你这个人怎么样。"其实，这是提示的大忌。对事不对人，就是只谈论事情本身，而不对个人做任何评价。尊重规则，注重结果，不谈论个人的能力和品德。

（2）**注意场合**。提示别人并非随时随地都可以进行。假如不注意场合，既会伤害对方的自尊心，也会引起对方的反感，甚至引发双方之间的矛盾。一般情况下，提示他人时不能当着其他人的面，更不能在公开场合点名批评，而是应该选择在没有旁人的时候进行。

（3）**切忌翻旧账**。提示他人时，应该就事论事，而不是新账老账一起算，那样只会让人厌烦。假如提起过去不愉快的事，无异于在揭他人的伤疤，会令人很不舒服。同时，注意要尽量缩小提示的范围，相信每一个有上进心的人都不希望犯错误。

>>> 【举一反三】

如果说善意地提出同事的缺点和不足需要注意以上几点，那么善意地帮助同事，又该注意些什么呢？

（浙江省宁波市鄞州区绿茵东湖幼儿园　徐侠）

难题 34　如何巧妙地赞美同事

在与同事的相处中，赞美是必不可少的，是人们获取别人好感的方法之一。真心地赞美，能够温暖人心。那么，面对不同性格、不同职务的同事，如何适时有效地赞美呢？在赞美的过程中，又需要注意哪些原则和事项呢？

　　林老师是一个活泼热情的老师，说话比较直爽，喜欢有什么就说什么。在一次园内区域环境比拼中，老师们一同参观班级区角。当进入大一班时，许多老师都赞美大一班张老师手巧，林老师却说："这些教玩具和之前的差不多啊，一点创新都没有！"大一班张老师脸上的笑容渐渐消失，其他老师也觉得林老师说的不妥。在一次教研会议中，林老师想通过赞扬领导显示自己对领导的钦佩，于是说道："都说陈老师您情商高，办事能力强，今天我算是见识了，真的是太厉害了！谢谢陈老师教给我的这些宝贵经验。"对于这突如其来的"赞美"，陈老师感觉一头雾水。林老师毫无事实依据的"赞美"，让陈老师感到不舒服，但是林老师没有感受到这些，仍旧继续赞美另一位同事小李。

>> 【案例分析】

上述案例中，林老师在赞美同事时存在以下几方面问题。

1. 赞美太"吝啬"

人人都需要温暖心田的话语，也时时都想得到他人的认同。真诚的赞美让人心情愉悦，也能增进同事之间的感情。但是案例中的林老师在参观区域环境时，对大一班张老师的赞美太"吝啬"，这样容易破坏自己在幼儿园的人际关系。有的教师觉得赞美就像拍马屁，总是不好意思说出口，其实你的一个信任的微笑、一个肯定的眼神、一句激励的言语，都可以驱散他人心底的阴影，使他人振奋精神。

2. 赞美太"生硬"

案例中林老师对陈老师的赞美太过生硬,让陈老师觉得一头雾水,甚至反感。如果林老师以描述事实的方式表达也许会更好,可以这样说:"这次您说服了小王和小陈,成功处理了专业分工问题,让我们教研组工作效率更高了。园长说您情商高且处理问题的能力强,我算是真的见识了,谢谢您教给我的这些经验。"如此基于事实的赞扬,对方不会认为是无稽之谈。相反,会认为林老师善于学习和观察,是有上进心的好老师。

3. 赞美太"华丽"

"哇,今天你就像天上的星星一样,闪耀夺目。""您实在是太厉害了!""我好崇拜你啊!"这样的话估计谁听多了都会觉得不舒服。赞美当然要及时地说出来,大胆地说出来,但同时要注意语言的表达方式。赞美需要表达的是一种心理感受,不需要加上形容词来修饰表达的含义。平常的语言更能显示出自己的诚恳,语言太过华丽反而容易让赞美染上虚伪的色彩。其实,就事论事的赞美方式更容易被同事接受,也更容易被周围的人接受。赞美的关键在于要让对方感到愉悦,也让周围的人对你所表现出的胸怀感到钦佩。

》【破解策略】

1. 发自内心真诚地赞美

赞美能拉近心与心之间的距离,会为双方的沟通创造机遇。真正的赞美是看到同事的优点以后,发自内心地感到欢喜,并且能勇敢地说出来。例如:"陈老师,你们班的环境创设做得又细致又有特色,一定花了很多时间和心思。"这样的赞美最能打动人心,拉近同事之间的距离。

2. 微笑是赞美的序曲

社会心理学家安东尼·罗宾认为:"人生中最大的财富是人际关系。"在与同事的相处中,我们首先要学会微笑,微笑可以帮助我们控制消极的情绪,处在积极的情绪中。同时,我们不仅仅要微笑,还要学会赞美。人与人在交往中如果缺少了赞美,沟通就可能不那么顺利。微笑是一个人的名片,我们习惯于向他人送出名片,那么,我们也应该习惯于向他人送出微笑。一个微笑能化解人与人之间的陌生感，一句赞美能拉近人与人之间的距离。如果将这二者结合起来，自然就可以在很短的时间内收获一份友善。

3. 不重复的旋律最动听

再好的话语，说多了也会变得无味；再美味的一道料理，天天吃也会觉得倒胃口；同样，再动听的一句赞美，无时无刻在你耳边徘徊的时候，也会让你感到厌烦。面对别人的优点，当你发自肺腑地想去赞美时，可以多想一想该如何表达。例如：王老师在绘画方面很出彩，许多人经常在她面前夸她画画的技法娴熟。这个时候，重复夸奖同一个话题显得比较平淡，但可以另辟蹊径，寻找与众不同的"料"。比如，可以赞美王老师的设计灵感和色彩搭配，这样效果会更佳。

4. 赞美方式因人而异

大部分人都喜欢被赞美。人际关系学大师卡耐基说，"人性的弱点之一就是喜欢别人的赞美。"但是在不同的场合，面对不同的人，我们也要采取不同的赞美方式。

（1）**抽象的赞美方式**。赞美他人时，我们可以把具体的事情提升到抽象的高度。与此相反，批评他人时，要尽量避免抽象的概括，而要说出具体的问题。如果你被同事拍的一张照片打动，你可以说"这张照片色调真是太美了"或者"构图真棒"。用抽象的赞美方式则可以说："你总是那么有洞察力，你的照片就像是你的第三只眼，透过它呈现出来的世界是那么动人。"

（2）**赞美需要以小见大**。幼儿园教师的工作比较琐碎，在赞美同事时，也可以采用以小见大的方式，即通过小事看出大节，通过部分看出整体。比如，家长开放日活动过后，主班教师可以这样夸赞自己班的搭班教师和保育员："今天的家长开放日活动，咱们班的环境最整洁，气氛最热烈，家长也给我们竖起了大拇指，这说明咱们班老师心往一块儿想，劲儿往一处使。"

（3）**幽默和自嘲为赞美加分**。教师可以把幽默融入赞美中，这样不仅更容易让人接受，也更容易赢得他人的好感。因为在赞美中含有幽默感，不仅表示了受赞美者的随和可亲，同时也显示出了自己的机智与自信。此外，在赞美他人时，为了避免出现"乌龙"，教师可以加入一些自嘲，活跃交往的气氛。比如，跟身材胖的人在一起时，不经意地调侃对方一句"其实你也比我重不了多少嘛"，会让对方莞尔一笑，不会让对方听起来不舒服。因此，同样是一句赞美的话，表达方式不一样，给人的感觉也就有了很大的差别。

在幼儿园每天的生活中，很多看似平常的事中都包含着值得赞美的亮点，而且每个同事的身上都有与众不同的特点，有很多细节值得我们去夸赞。赞美是快乐的泉源，赞美能让人感到愉悦和工作的动力，所以，在与同事相处时，不要吝啬你的赞美。

>>> 【举一反三】

如果遇到特别有个性的新同事，你该如何赞美他呢？

（浙江省宁波市宁海县实验幼儿园　尤洁琼）

| 难题 35 |　如何与幼儿园男同事沟通

　　幼儿园常常被人们戏称为"女儿国",因为幼儿园里的女性工作人员占绝大多数。男性工作人员不仅数量极少,而且工作职务多为专职体育教师、安保、后勤。男性和女性性别上的差异也导致了思维和行为上的差异,那么在幼儿园的工作中,该如何与男教师进行有效的沟通呢?

　　➷A 老师是本学期刚参加工作的男老师,他在幼儿园里专门负责中大班的体育教学工作。作为幼儿园里的"大熊猫",自然也受到了园领导的重视和小朋友们的喜爱。但是经过一段时间,老师们渐渐发现这位男老师身上有一个"小毛病":每次一到孩子们做早操的时间,这位男老师就消失得无影无踪。于是在一次会议时间,教研组长 B 老师就针对这个问题和 A 老师展开了沟通。

　　B 老师:老师们和我说,你每次做早操都偷懒,这是怎么回事?

　　A 老师:我不想做早操。

　　B 老师:为什么不想做呢?

　　A 老师:我不适合做这种操,动作太女孩子气了,我做不来。(引来了同事们的哄堂大笑)

　　B 老师:你是幼儿园老师,就一定要做早操!

　　A 老师:哦。(A 老师红着脸答应了)

　　第二天早操时间,A 老师终于出现在了操场,懒洋洋地做起了早操。可是好景不长,过了几天,A 老师又玩儿起了"失踪"。✑

≫ 【案例分析】

　　沟通在我们的日常工作和生活中是一件很普遍的事,但是男性与女性不同的思维方式常常会导致沟通失败。在上述案例中,教研组长与 A 老师的沟通明显是无效的,存在以下几方面问题。

1. 时机不合适

教研组长选择在老师们集中开会的时间，对 A 老师提出"为什么不做操"的质问。这个沟通的时机显然不合适，而且其他教师的哄堂大笑也会让 A 老师觉得没面子。从 A 老师的表现来看，他的自尊心明显受到了打击。这样的"沟通"也就变成了"指责"，显然是无效的。如果教研组长利用课间时间和 A 老师坐下来单独交流，可能会让沟通取得更好的效果。

2. 沟通不艺术

教研组长肩负着管理幼儿园教师一日生活流程的职责，与 A 老师的"交谈"从本质上来说是善意的提醒，但是在使用语言时，没有换位思考，缺少沟通的艺术。在案例中，教研组长的初衷是希望男老师能积极参与做早操，结果却因为缺乏沟通技巧、语言生硬，使其变成了批评指责。

3. 事因未思考

沟通的本质其实很简单，就是双方交流意见并做出决定。正确的沟通必须了解双方的诉求，以求达成双方都能接受的最终方案。案例中教研组长单方面要求 A 老师该怎么做、不该怎么做，而不是"我们能怎么做""怎么做才更加适宜"。教研组长显然没有从男老师的角度出发去考虑问题：A 老师为什么不做操？什么样的操适合 A 老师做？如何让 A 老师愿意做操？这才是解决问题的关键。

》【破解策略】

1. 正面引导

自尊心，即"面子"，是指个体因自身的价值、在群体中的地位而肯定自己、接纳自己的体验。对于在幼儿园工作的男教师而言，自尊心更加需要受到保护。大部分男性多多少少都会有大男子主义，在众多女教师面前用"指责性"的交谈方式，必然会让他们在面子上下不来，产生厌恶的情绪。因此，在与幼儿园男教师沟通时，用正面引导的方式会更加适宜。比如，对于不愿意做操的男教师，可以尝试私下单独交流，在肯定其工作的基础上提出意见和建议，这样会让沟通的氛围变得更加轻松、愉悦。

2. 换位思考

"换位思考"是人与人交流中常用的方法,更是与男性教师沟通交流的"桥梁"。在案例中,教研组长如果从男教师的角度出发来思考"为什么不愿意做操",就会发现男教师不愿意做操的原因是:幼儿园早操的编排者都是女教师,很多动作的设计过于柔美,并不适合男教师带操。因此可以请男教师对早操重新进行编排,这样既解决了"男老师不愿意做早操"的问题,调动 A 老师工作的积极性,又可以在早操编排中加入阳刚之气,更加适宜幼儿的发展。

3. 求同存异

男性和女性在思维和行为方式上存在较大差异,在日常工作中,男性和女性也会因为观点和做法的不同而产生分歧。因此,在与男教师沟通时应该充分考虑他们的想法;面对分歧时,尽可能用一颗包容的心去对待,求同存异。

4. 独立空间

从社会地位、经济收入等方面考虑,幼儿园男教师是一个特殊的群体,承受着比一般女教师更大的压力,自然也需要合适的方式来舒缓自身的压力。相对于女性,男性多受到"男儿有泪不轻弹""男儿流血不流泪"等文化的影响,因此男教师习惯用独处或运动等方式来减缓紧张情绪,尤其是对于工作中的压力。因此,对于男教师这些特别的减压方式,应该保证其有充足的独立空间并予以理解。

》【举一反三】

幼儿园的男性工作者除了男教师,还有后勤人员、安保人员,对于不同群体的男性工作者,又该如何与他们进行良好的沟通呢?

(浙江省宁波市鄞州区集士港镇中心幼儿园 陈奇)

难题 36 如何应对和处理同事的误会

每个人在工作中都有被同事误解的时候。误会时时存在，处处存在，这是很正常的现象，对此虽然不必太在意，但也要正确地加以应对，以妥善地化解矛盾，让误会能够及时消除，否则可能会造成不良的后果，影响沟通的正常进行。处理好与同事之间的误会，是教学工作正常开展的前提和基础，也有利于整个幼儿园形成和谐的工作氛围。那么，作为一名幼儿园教师，我们应该怎样有效地化解与同事之间的误会呢？

钟老师是一位业务能力很强的中班幼儿老师，对工作很投入，也具有一定的执行能力，但在与同事沟通的时候说话往往比较直接。虽然说对事不对人，但钟老师的言行还是引起了同事的误解和不满。有些同事常对她不做积极回应，并在私下说一些风凉话。钟老师为此感到十分委屈，但又没有主动去找同事沟通，导致与同事之间的关系越来越疏远，教学工作难以有效开展。

钟老师所在的三班与隔壁的平行班四班一直保持着良好的互动，教学关系比较融洽。可最近一段时间，钟老师感觉四班老师对她有明显的疏远，不再经常交流带班情况。后来钟老师听说，四班老师认为在前一阶段的幼儿园班级环境评比中，三班是因为剽窃了她们班的创意才得到了较好的名次，因此产生了误会。钟老师急急忙忙冲到四班老师办公室进行解释，不仅没有解释清楚，而且使误会加深了。钟老师为此感到苦恼，不知道到底应该怎么办。

【案例分析】

案例中的钟老师在应对和处理与同事的误会时存在以下几方面问题。

1. 缺乏有效的沟通

有效的沟通可以让你充分表达，化解矛盾，融洽关系。如果不能很好地与他人沟通，在工作、生活中就会遇到意想不到的麻烦。一项调查表明，在所有的离职者中，近一半是因为与同事在沟通方面出现了问题，以致不得不离开。在教学工作中出现不同的看法很正常，但案例中的钟老师在同事出现误解时，既没有认真地反思，也没有进行有效的沟通，把事情讲清楚，以消除误会，因此导致与同事的关系越来越紧张。

2. 没有冷静地面对

当误会发生时，我们首先要冷静地思考，保持平和的心态，千万不能意气用事。只有冷静，才能保持平和的心态，才能做出正确的判断，同时需要进行换位思考，站在同事的立场想一想，也许这样能明白为什么同事会产生误会，这样才能更好地理解别人。案例中的钟老师没有静下心来思考一下，就急急忙忙跑去跟同事解释，这样只会越描越黑，使误会加深。

3. 缺少沟通的技巧

事实上大多数误会是因为双方不够了解而产生的，因此最有效的化解误会的方法就是加强沟通。而沟通的方式有很多，不注意方式方法，不掌握一定的沟通技巧，也会无功而返。案例中的钟老师没有采用恰当的沟通方式，导致事情变得更加糟糕。这些问题都严重影响着教学的开展，最终必然会影响其个人和班级的发展。

【破解策略】

应对和处理同事的误会，可以从以下三个方面做起。

1. 保持心态平和，自我反省

被同事误会的滋味里有恼怒、有委屈、有伤心，且又让人感到焦躁而无可奈何。但我们要尽量保持心态平和，胸怀宽广。积极调整好自己的心态，想一想是什么原因导致同事产生误会，认真查找原因，换位思考，看看误会是如何发生的。找到原因之后，可以设法去化解。不妨先对自己进行一番反省，想想自己平时在工作中、在与同事的交往中是否存在言行不当之处。那么以后在与同事的相处中，可以谨言慎行，少说些容易引起误解的话，避免授人以柄；平时要把话讲得准确一些，行事大方一点。这样有助于在与同事的交往中更加成熟、稳妥。

2. 冷静分析，积极面对

如果与同事之间产生误会，应尽量不要让误会升级。千万不要表现出盛气凌人的样子，兴师问罪，非要搞个明白，分出胜负。因为这样得理不饶人的态度，只会让同事在心中时刻提防，对你敬而远之，同时有可能会失去一大批同事的支持。

如果不经意间被同事误会了，千万不要太悲观，也不要太激动，一定要保持冷静，这样才能做出正确的判断。如果此时对方的情绪也很激动，应该尽量让对方冷静下来。幼教工作是一项崇高的事业，幼儿教师应以工作为重，不要因为误会而影响工作。如果因工作方法不同而产生误会，那么可以在尊重对方的前提下，积极地了解对方的想法和工作思路，取长补短，这样不仅能消除误会，还能将工作做得更好。

3. 注重方法，对症下药

对于与同事的误解，要具体问题具体分析，增强沟通技巧，把握好沟通的时机，借助便利的沟通媒介，与同事及时地进行沟通，保持融洽的同事关系。对于不同的人要采用不同的方法，选择合适的时间和场合，把情况和想法说清楚，坦诚地进行交流，让对方明白事情的来龙去脉，从而将误会转变成理解。

有时候，对方的误解可能很深，当事人却不知道是怎么回事。这时候急于解释，效果不一定会好，那么可以采取迂回的方式，比如，邀请对方一起喝杯咖啡，在相对轻松缓和的氛围中，更容易化解芥蒂。此外，也可以选择双方都能接受的人作为中间人，通过她代为传话，把自己的想法告知对方，这样可以有效地澄清事实，增进了解，便于化解矛盾。对于谣言，不要使用攻击性语言，更不要产生报复的心理，因为谣言最终会不攻自破，止于智者。

》【举一反三】

如果说更好地应对和处理同事的误会对工作非常重要，那么教师与同事发生争执时，又该注意些什么呢？

（浙江省宁波市鄞州区绿茵东湖幼儿园　徐侠）

难题 37 如何与比自己年龄大的同事沟通

良好的沟通会促进教师之间感情的升温，使教师在一日生活环节的组织与指导中事半功倍，同时也会促进幼儿园的发展。那么面对比自己年龄大的同事，应该如何与其沟通呢？在与其沟通的过程中要注意哪些事项呢？

董老师是一名刚入职不久的新教师，她的配班老师黄老师比她大13岁，经验非常丰富。董老师对班上的孩子很温柔，因此孩子们在她带班的时候总是闹哄哄的，注意力集中不起来，对于董老师说的话也无动于衷。在幼儿园的一次阳光体育运动演练中，整个幼儿园的孩子都集中在操场上进行运动游戏，孩子们异常兴奋，演练过程中比较散漫，没有按照规定的路线行走，孩子们手上该拿的道具也没有拿。黄老师是整场活动的负责人，她站在场地中央，拿着喇叭黑着脸喊道："董老师！排整齐队伍！快点组织好呀！"董老师听到这句话后脸刷地红了，气急败坏地整理队伍。活动结束，黄老师找董老师到办公室进行沟通。董老师脸色比较难看，黄老师对董老师无奈地说："小董，你工作快两个月了，你说话孩子们都不听，你有没有想过自己的问题！每次整顿好的纪律常规，到你这里之后就完全走样了。"听到这句话，董老师心里很不是滋味，反驳道："我也在努力啊，我也在慢慢了解小朋友，慢慢学习啊！"黄老师感觉到了董老师的激动情绪，试着让她平静下来。过了会儿，董老师平静下来后问道："那怎样能够让自己说的话有分量，在小朋友们面前有威严呢？"黄老师说："老师该严肃的时候要严肃，该立规矩的时候要立规矩，是非对错要分得很清楚，这样孩子自然会听你的话……"与黄老师沟通之后，董老师豁然开朗。在之后的一日生活环节中，孩子们渐渐开始听董老师的话，一日生活的常规也逐渐建立了起来。

【案例分析】

上述案例中，两位教师的年龄相差13岁，一位是经验丰富的老教师，一位是刚入职不久的新教师，她们之间的沟通存在以下几方面问题。

1. 沟通的积极性不高

董老师入职两个月以来，对幼儿园工作适应度不够，且以自我为中心，工作中遇到困难没有及时向老教师请教，这说明董老师沟通的积极性不高。工作将近两个月，她才跟经验丰富的老教师做了一次深入的沟通交流，导致班级幼儿的常规一直没有建立起来。

2. 沟通的场合不合适

黄老师在公共场合对董老师大声喊，这无疑让董老师颜面无存，董老师心里也对黄老师产生芥蒂，所以这并不是有效的沟通方式。这次沟通伤了对方的自尊。黄老师虽然在活动结束后找董老师进行私下沟通，但是之前带给董老师的伤害是难以消除的。

3. 沟通的态度不友好

教师的态度会影响沟通的效果，其错误的态度引发错误的行为，导致沟通出现障碍。回到办公室后，黄老师还是采用责怪的语气跟董老师进行沟通，使得董老师心中的情绪一下子爆发出来，最后使两位教师都下不来台。双方平静之后的沟通就是针对这件事情的有效沟通，而不是情绪的宣泄。

这些问题都严重影响着年龄差距较大的同事之间沟通的有效性。

【破解策略】

有效的沟通对教师高效地开展工作具有重要作用。要想与比自己年龄大的同事进行有效的沟通，一定要摆正自己的心态，选择适宜的沟通内容，运用适宜的沟通技巧。

1. 摆正自己的心态

一个人只有摆正心态，才能做好每一件事情。每位教师都有自己的闪光点，更何况是与自己年龄差距大的老教师。老教师经验丰富，新教师要尊重她们，抱着谦虚谨慎的态度向她们学习，主动创造沟通交流的机会，这是进行有效沟通的首要条件。

2. 选择合适的沟通内容

（1）**工作中有针对性地提出专业问题**。新教师刚步入工作岗位，缺乏经验，必然存在许多专业上的困惑，需要向经验丰富的老教师积极请教。这时提出具体的问题便于老教师有针对性地给予指导，困惑能够得以解决。比如，"老师，我在活动中对孩子们的回应比较少，应该怎样准确地给予回应，你能帮我指导一下吗？"有针对性地提出问题，得到的答案也是具体的，否则存在泛泛而谈的可能性。

（2）**生活中的话题**。在与年龄差距较大的同事沟通时也可以涉及生活中的话题或者对方感兴趣的话题，这样可以拉近双方的心理距离，使得彼此更加了解对方，久而久之产生情感联结。

3. 运用适宜的沟通技巧

（1）**听，倾听对方的想法**。倾听可以从对方的话语中获得重要的信息，激发对方的谈话欲。如果有必要，在倾听的过程中还可以用笔进行记录，显示出你对这次沟通的重视，这也是尊重对方的一种表现。学会倾听并善于倾听，既要捕捉对方言语中有用的信息，又要听懂对方想说且没有说出来的话。

（2）**说，表达自己的想法**。与年龄差距较大的同事沟通，很容易产生思想上、观念上的碰撞。此时，要认同、赞美、鼓励、欣赏、关心对方的话，同时保持热情、风趣、幽默，有不同意见时尽量不要当场顶撞。

（3）**选择合适的沟通时间和地点**。在不同时间和地点沟通，其效果肯定不一样。年龄差距较大，教师的阅历不同，沟通时应选择对方空闲的时间与宽松的环境，这样会使沟通事半功倍。比如，沟通中有一名教师正在班里带班，幼儿也比较吵闹，这时候去问专业的问题是不适宜的，教师根本没有充裕的时间思考问题。沟通的地点也同样重要，要达到沟通的目的，必须充分考虑对方的需求，所以要选择合适的地点。比如，让对方觉得尴尬的问题，应该选择人少僻静的地点，这会让沟通对象产生安全感，相对容易接受意见和建议，有利于沟通的顺利进行。在幼儿园里，年龄大的教师经常会为年轻教师提出建议。如果他人在场，提出的建议又伤了年轻教师的面子，这样的沟通肯定是不愉快的。

4. 沟通的途径

（1）**面对面沟通**。年龄较大的教师倾向于面对面沟通。面对面沟通显得庄重、真诚。这样的沟通可以通过观察对方神情的变化来调整沟通策略，使沟通更加有力。

（2）**电话沟通**。电话沟通虽然看不见对方，但也可以知道双方的实时想法，是一种方便且不受地点限制的沟通途径。

（3）**互联网沟通**。现代科技飞速发展，微信、QQ、电子邮件等互联网技术都是新型的沟通途径。互联网沟通具有便捷性、稳定性、可操作性的优点，这种沟通途径不受时间和空间的限制，可以随时随地进行沟通。年轻教师多选择利用互联网沟通，不过年龄较大的教师是否会操作各类应用软件进行沟通，也要因人而异。

虽然年龄差距是影响同事之间有效沟通的一个因素，但是只要摆正心态，尊重对方，善于沟通，相信所有难题都会迎刃而解。

【举一反三】

如果说年龄差距较大的同事之间的沟通具有普及性，那么教师在与幼儿园领导沟通的过程中，又该注意些什么呢？

（浙江省金华市浦江县浦阳幼儿园　陈丹）

难题 38　如何与性格内向的同事沟通

有效的沟通对教师高效地开展工作具有极其重要的作用；低效甚至无效的沟通则不利于工作的开展，有时还会造成人际关系紧张。那么，教师在工作中如果遇到性格内向不愿与人交流的同事，该怎么办呢？

新学期，小吴和小庄两人被分在一个班级担任正班主任和副班主任。小吴性格开朗，每天唧唧喳喳说个不停。相反，小庄性格内向，话不多。开学前，两位老师要制订班务计划，进行班级环境创设，召开新生家长会。作为班主任的小吴老师就找小庄老师去商量，小吴老师把自己新学期班级管理的设想和小庄老师做了交流，希望小庄老师能给她一些反馈意见并提出自己的看法和建议，为班级出些金点子，共同把班级管理好。可惜小庄老师每次都不太说话，处于被动状态，一般只是回答"好的""我没意见"。在发表意见时，小庄老师也是小心翼翼的，生怕回答错了。为此小吴老师感到很苦恼，她不知道如何与这位性格内向的同事进行沟通。

▷ 【案例分析】

上述案例中，小吴老师和小庄老师的沟通存在一定困难，主要是小吴老师不了解小庄老师的性格特点，没有采用合适的方式进行沟通。

1. 性格腼腆，内向被动

每个人的性格千差万别，有的活泼开朗，有的内向沉默，但几乎都能够随着周围环境和教育氛围等有所改变，不过基本气质还是自出生就形成了的。案例中的小庄老师由于性格原因使得她不爱说话，在与人的交流中处于比较被动的状态，所以小吴老师觉得无法与她沟通。

2. 缺少关怀，自我防备

从小缺少关爱又受过某些刺激的人会自然而然地把自己封闭起来，每个人的性格除了天生的气质外，与他从小的生长环境也有一定的关系。如果在成长阶段未受到家庭的重视和呵护，或者在学校里未得到教师的关注和照顾，则容易把自己封闭起来，心底筑起一道与外界隔绝的无形的墙，处处防备着别人。

3. 信心不足，优柔寡断

在某一次自己认为很重要的交往中不顺利或结果没有达到预期，从而遭受到挫折感或挫败感，以至于在今后的沟通中就会出现信心不足、优柔寡断、不敢说话的现象。其实有些人不愿意沟通与"怕出现错误"有关，所以还没开始交往就已经自我设限，因担心出错而不敢说话，进而变得更加没有自信。越没自信就越不愿和外界交流，这样就形成了恶性循环。案例中的小庄老师便有这方面的表现。

【破解策略】

面对小庄老师内向的性格，小吴老师该如何与她沟通交流，才能达到良好的效果呢？

1. 寻找话题，主动出击

和性格内向的人沟通，首先要了解性格内向的几种表现：不那么大胆；不怎么会表达；通常不参加公共活动；不喜欢吵闹的场合等。了解这些特征后，教师可以主动出击，先寻找生活中的共同话题，和对方聊一聊。比如，下班后，小吴老师可以约上小庄老师一起去咖啡店坐坐，从小庄老师感兴趣的话题入手，打开她的话匣子；年轻人肯定有许多共同的爱好，小吴老师也可以从自己的爱好着手，与小庄老师聊聊生活中的事情，如美食、服装、美容等，慢慢进入小庄老师的内心世界，带动小庄老师聊天的兴趣，使她由被动变成主动。人的情感都比较敏感，在与小庄老师交流的过程中要保持一颗诚恳的心，获得她的信任。随着两人感情逐渐升温，话题就可以由生活拓展到工作，相信内向性格的小庄老师也会逐渐变得开朗起来。

2. 关心对方，感受温暖

性格内向的人其实特别害怕孤独，渴望找到自己的知音，但又不敢主动靠近别人。对于这样的人，我们平时要多接近他们，多关心他们的生活和工作状态，善于发现他们的细微变化，及时送上温暖和关怀。乐于助人也是获得他人好感的办法，力所能及地帮同事解决一些小困难，会在不知不觉中和大家融到一起。比如，工作中出现了失误，我们要随和宽容地对待同事，帮助同事找出失误的原因，切不可大声批评，胡乱指责；工作中出现了困难，不应听之任之，而应主动地帮助同事找到有效的解决方法。让对方看到你的诚意，感受到你真心实意地把她当朋友，从而感受到温暖。这样一来，性格内向的同事也会逐渐敞开心扉与你交流。

3. 多给鼓励，增强信心

性格内向的人之所以不喜欢与别人交往，多由于自卑感在作怪。如果你能适当地鼓励她，赞美她，给她信心，尽可能地不要批评她，那么她一定会默默地感激你；内向的人更喜欢做有意义的事，因为这样会让她觉得有一种成就感。所以我们要多发现性格内向的同事的优点和特长，给予她展示才能的机会，帮助她获得成功，这样有助于改变其内向的性格，也有利于同事间的沟通。案例中的小吴老师要去发现小庄老师的优点和特长，比如，小庄老师擅长美术则可以让她尝试负责开学初的班级环境创设，积极鼓励她，多用赞美的语句，帮助小庄老师增强信心，让性格内向的小庄老师切实感受到对方给予的鼓励、赞美。随着时间的推移，小庄老师的性格或许会变得开朗起来，与她沟通将不再是一件难事。

>> 【举一反三】

与性格内向的同事沟通需要多给予他们关注和鼓励，那么当我们遇到性格比较敏感、急躁的同事又该如何与其沟通呢？

（浙江省宁波市第二幼儿园　陈明瑶）

难题 39 新教师如何与同事沟通

很多新教师初来乍到,都有一股初生牛犊不怕虎的劲头,良好的沟通方式不仅能让新教师快速融入集体,使新教师更好地投入到幼儿园工作中,也能展现新教师的个人素养,使其在专业领域快速成长。那么,面对不同性格的同事,新教师该如何与他们一起共事呢?在沟通的过程中,又需要注意哪些事项呢?

又是一个开学季,幼儿园里注入了一股新鲜血液,年轻的老师们朝气蓬勃地踏上自己的工作岗位,去迎接新的挑战。罗老师就是其中一位新教师,她富有个性,对人对事都有自己的想法。罗老师喜欢与同为新教师的杜老师交往,与其他同事则没有过多的交流,空闲时间两人经常一起聊起各自班级里的事。午睡时间,隔壁班的老师正在商讨工作,可能影响了罗老师班级孩子休息,于是罗老师很凶地走过去,并大声说:"不要吵了,小朋友都睡不着了。"几天后,学校里开展活动,罗老师不熟悉活动流程,也没有主动向其他同事请教,因此大家都知道人员安排情况,唯独罗老师浑然不知,也没有同事与她讲。在开展活动的过程中,罗老师正认真地给班级孩子拍照片,突然遭到了同事马老师的"袭击",令她很不悦,随口说道:"不要碰我,弄坏了相机怎么办。"罗老师的言行吓了马老师一跳,原本只是一个小玩笑却引来这么大的反应。长此以往,同事们也不敢与罗老师亲近。罗老师感觉自己被孤立,工作热情消退,工作效率降低,严重影响了自身的专业成长。

【案例分析】

上述案例中,新教师在与其他教师沟通时存在以下几方面问题。

1. 对象单一

很多新教师倾向于跟身边熟悉的人沟通,总觉得没必要主动与人搭讪,因此沟通也是浮于表面,只是为了完成工作,一味地追求结果。案例中的罗老师是一位初出茅庐的新教师，她与同为新教师的杜老师交往密切，却鲜少与身边的搭班教师或其他同事沟通，一有空闲时间就去与自己相熟的教师聊天。虽然这其中存在着不同班级、年段教师之间共事机会少等客观因素，但更主要的是，新教师对沟通的重要性、必要性认识不到位，导致自己的交往对象单一。

2．时机欠佳

很多时候，新教师与同事的沟通是直截了当的，想到什么就说什么，他们并没有考虑太多的客观因素。比如，场合是否合适？对方是否愿意？对于这些问题，很多新教师并没有进行"察言观色"。案例中，罗老师不想让同事的声音影响幼儿午睡，但是她的夸张言行恰恰影响到了周围的同事和幼儿。与人沟通应该注意场合，而不是一味地发泄自己的情绪，导致沟通效果不理想。沟通是一个深入了解彼此、促成友好联系的有效途径，新教师应该因地制宜、因时制宜地与他人进行沟通，从而更好地适应新的工作环境。

3．方式不当

如今在很多幼儿园里，年轻教师占主流，他们涉世不深，因此在与同事沟通时带有一定的情绪性，缺乏换位思考的意识，容易以自我为中心。案例中，罗老师面对同事的问题，并没有有效地沟通解决，而是尖锐地予以回应。过于自我的表达方式没有考虑到同事的感受，让人心生不悦，达不到解决问题的目的。新教师在与同事沟通中的言谈举止十分重要，如果在沟通过程中出现不拘小节、言辞随意、无视他人感受等现象，会让同事感到难以接受，直接影响同事之间的相处。

上述问题都严重影响着沟通的有效性。新教师是教师队伍的重要组成部分，重视新教师的入职适应问题，能够帮助他们尽快提升专业能力，更好地开展教育教学活动，有利于师资队伍的建设。

【破解策略】

新教师与同事的沟通效果将决定自己的办事效率，从而影响新教师的专业成长，因此必须加以重视。

1．从主观方面来说

（1）**多看，把握适宜的沟通时机。**新教师在与人沟通之前，应该先学会观察。首先，在不同的场合，沟通的内容会有所不同，比如，在正式的场合，应该先搞清楚谈话内容和事实真相，才能准确把握交流的尺度；在非正式的场合，可以与同事一起聊一些双方都感兴趣的事情，促进同事之间的沟通交流。其次，要多观察同事的精神状态，当同事的工作比较顺利、心情比较轻松的时候，如某些方面取得成功、节日前夕、生日等，可以抓住时机进行沟通。当同事心情不好或者处于苦恼时，很难听进去别人的意见，不便于沟通。这时你不妨表示自己的关心，细心地询问一下："发生什么事了？我可以帮助你吗？"这些话虽然很平常，但是对于处在痛苦中的人来说是非常有帮助的。因此，与同事沟通要注意场所，选择合适的时机，这些将有助于改善沟通效果。

（2）**多思，提高自身的沟通能力**。新教师工作热情高，富有开创性，对工作任务能够提出一些设想和建议，但是往往因为沟通上的缺失导致自己的想法没有被重视，难以付诸实践。为了避免出现这样的状况，应该发挥新教师敢说、敢想、敢做的精神，新教师在沟通之前首先应该勤于思考，通过思考模拟对方的心理活动来提高自己的应变能力，使自己在沟通过程中无论遇到什么情况都能处变不惊，妙语连珠。针对不同性格、类型的沟通对象，新教师可以多想一想自己的沟通方式是否适宜沟通对象。其次，在沟通之后应该勤于反思，这样才能发现沟通中存在的问题，进而找到解决问题的策略。如果一次沟通结束后，对方并没有认同你的想法，那么就应该反思自己的问题，进一步改进自己的沟通方式，使下一次沟通达到更好的效果。

（3）**多问，学习一定的沟通技巧**。新教师初入职场，面对全新的工作环境和周围人际环境的压力，主观上不敢与老教师进行有效的沟通，自己的设想得不到别人的认同，无法发挥自己的才华，这时候主动沟通、虚心请教显得尤为重要，而从同事那里收获的"沟通技巧"也将令你受益匪浅。沟通首先要真诚，要想赢得同事的肯定和支持，很重要的一点是，要以开放而坦率的态度与同事交往，这样同事才会觉得你值得信赖，才会以一种真心交流的态度与你相处。其次，不要把个人情绪带入工作中，一方面，保证了工作的正常进行，另一方面，别人和我们一样每天都在"忙碌着""烦恼着"，所以，从为别人着想的角度出发，我们应该少把个人情绪强加给别人。再次，要自信，学会为自己打气并相信自己。在工作中，坚信自己和别人是一样的，新教师要学会给自己勇气，让自己和别人站在同一起跑线上。逐渐地，你会发现自己与同事的距离将越来越近。

（4）**多做，促进高质量的沟通**。多做是新教师专业发展中最核心的一环，将思考的结果进行实践，根据实践中出现的问题再进行适当调整，不断完善，形成自己的沟通风格。什么样的沟通才是高质量的沟通呢？一是互相尊重、互相信任。既有对自己正确的评价，也有对他人全面、客观的评价。要注意克服自傲、嫉妒的心态。当发生冲突时，要宽容大度，虚怀若谷。二是相互合作与交流。幼儿园工作必须靠全体教职工同心协力、互相配合才能做好。每个教师都有自身的优势，教师之间的交往应充分挖掘互补功能，实现信息上的互换、情感上的融洽和知识上的整合，以提高整个教师队伍的专业化水平。三是情感互动。通过互动，促进交往的动态平衡发展，达到个人价值的最大实现，从而在群体中形成互相欣赏、互相促进、互相竞争的交往机制。新教师经常和同事进行高质量的沟通，可以拉近彼此的距离，避免造成彼此在情感和心理上的疏远。

2．从客观方面来说

（1）**开展相应的礼仪培训，帮助新教师掌握正确的沟通方法**。幼儿园应开展礼仪培训，包括个人着装、沟通礼仪等，使新教师对正确的沟通有清晰的认识。良好的沟通从微笑开始，与同事沟通应该面带微笑，以自信、真诚、友善的态度与同事交流，让同事体会到你的真诚与热情。亲切、温馨的微笑能缩短彼此间的心理距离，创设良好的交流和沟通氛围。同时，幼儿园还应该为新教师提供良好的专业成长环境，使新教师在老教师的带领下，更好地与同事沟通，促进自身的专业成长。

（2）**营造良好的教师文化，促进新教师与同事之间友好相处**。教师文化是教师在工作中形成的积极的心理环境。幼儿园可以通过开展丰富的教师活动，建设良好的教师文化，促进同事之间的沟通交流。例如，举办教职工体育活动，在开展活动的过程中，不同年段、岗位的教师们聚在一起，为共同的目标而努力，教师之间频繁有效地开展交流与沟通，不仅有助于促进同事间的友谊，而且能够增强新教师的归属感。

》【举一反三】

如果说新教师与同事的沟通问题具有典型性，那么新教师在适应新环境的过程中，又会遇到哪些问题呢？

（浙江省宁波市宁海县实验幼儿园　陈怡红）

难题 40 男教师如何与同事沟通

幼儿园是一个以女教师为主的单位，女教师的个性细腻敏感，比较适合幼儿教师这项工作的需要。随着我国幼儿园教师队伍的不断壮大，已经有一部分男性开始从事幼儿教师的工作。处理好个人与个人、个人与集体的关系是教师职业道德中的一项重要内容，幼儿教师一定要学会和同事建立融洽的同事关系。那么在工作中，男教师又该如何与同事沟通、相处呢？

记得第一天到幼儿园报到，吴老师感觉自己就像闯入了"女儿国"。幼儿园领导很关心他，同事们对他也格外好，大家亲切地喊他"园宝"，级别跟国宝大熊猫不分上下。可是，这样融洽的氛围依然让吴老师感到有些格格不入："她们讨论的是买什么衣服，用什么化妆品，而我感兴趣的是下班后能不能打场篮球。"因为和原先的朋友、同学住得比较远，身边同事又全是女的，吴老师已经很久没有打篮球了。他现在常做的运动是游泳，这是一个人就可以进行的体育运动。

有一次吴老师帮助女同事带早饭，被嫌弃买的东西不好吃。而最不可思议的是，那位女老师居然天天让吴老师帮她买早饭。在相当长的一段时间里，吴老师都是幼儿园里唯一的男老师，这让他感到有点孤单，他说："在这种环境下，总是会感到孤单，下班之后就更加孤单了。"

【案例分析】

上述案例中，男教师在与同事沟通中存在以下几方面问题。

1. 社会现象

长期以来，幼儿教师理所当然地被认为是女性从事的职业，而随着人们观念的改变以及对幼儿教育更全面科学的考虑，男教师也开始进入幼儿教育领域。用发展的眼光去看，男幼师的出现是经济发展的选择和社会进步的必然趋势。

但与庞大的社会需求相比，男幼师这个缺口依然很大。因此，案例中的吴老师会成为幼儿园的"园宝"。

2．逾越行为

有必要时应帮助同事解决问题，但是这不意味着要无条件地帮助同事，正如俗话说："一切都是有限度的。"因此，男教师在帮助同事的时候，也不需要太"热情"，无论做什么都要有一个"度"，不能逾越，否则有时候会弄巧成拙。

3．性别差异

男女教师在自我角色上存在着差别。总的来说，男教师属于理智型，女教师属于情感型；男教师较容易控制个人情绪，女教师在工作中则更加情绪化；男教师在稳定性、独立性和自制力方面高于女教师，且差异明显；女教师在兴奋性、敏感性和幻想性等方面高于男教师，且差异明显。男教师有魄力，认真负责、自律、谨慎、果断，但通常缺乏耐心；女教师比男教师更加热心且富有情感，但易于感情用事，缺乏独立、客观地处理事情的能力，具有敏感、顺从、温柔的特点。因此，男教师在与同事沟通时会表现出更多性别上的差异。

》》【破解策略】

1．不要非议你的同事

俗话说："谁人背后不说人，谁人背后不被说。"幼儿园以女教师为主，平时肯定会有许多流言蜚语。所以，男教师千万不要说同事的坏话。从某种意义上说，在背后非议同事是一种不道德的行为。同事间随时都可能产生矛盾或意见相左。这时，应当面把自己的意见说出来，寻求相互理解和协作，不可背后散布谣言，互相攻击。在当面交谈时，态度要平和，用词忌尖刻；就事论事，不翻旧账，不进行人身攻击；当面交换意见，有利于相互了解。

2．不要形成小圈子

在一所幼儿园里，如果几位教师交往过于频繁，容易形成表面上的"小圈子"，进入这个"小圈子"则容易让别的同事产生猜疑心理，不免产生是不是他们又在谈论别人是非的想法。因此，在与同事交往时，要保持适当距离，避免形成"小圈子"。

3. 不要涉及个人隐私

人与人的交谈，有时是一种礼貌的表现，不见得一定要商量重要的事，这时可以谈一些大家普遍关注的、无伤大雅的话题，如近期的气候、旅游、美食等。这些话题不直接指向某人，是男教师礼貌性闲聊的适宜话题。

4. 不要把个人情绪带入工作中

同事之间应处处以礼相待，不要认为同事都很熟悉就不用打招呼了，每天一个甜甜的微笑或者一句调侃的话语是同事之间沟通的关键所在。打招呼时要看着对方的眼睛，千万不要把个人情绪带入工作中。如果在幼儿园板着一张脸，则会让其他人觉得你难以相处，不屑于和大家共处。

5. 男女搭配，干活不累

如果幼儿园里全部都是女教职工，没有一个男性，这对教师来说是一种"不健康"的工作环境。俗话说得好："男女搭配，干活不累"。女教师跟女教师每天打交道，时间久了难免会产生一些矛盾和摩擦，既不利于同事间的团结，又不利于教育教学。相对来说，男性比较宽容大度，分析问题时逻辑思维更加清晰一些，更加理性化。女教师的感性和男教师的理性可以形成良好的互补关系，客观上有助于推进幼儿园的工作。

6. 不要嫉妒心太强

许多同事平时一团和气，然而在遇到利益之争时，就当"利"不让，嫉妒心发作，在背后互相谗言，说风凉话。这样既不光明正大，又于己于人都不利，因此男教师要时刻保持一颗平常心，学会鼓励身边的同事，不要吝惜自己的喝彩声。称赞别人时一定要出于善良的动机，鼓励别人的同时也是在鼓励自己，因为同事在你需要帮助的时候一定也会伸出援助之手。

>>> 【举一反三】

在当前幼儿园男女教师比例失衡的情况下，男教师如何更好地发挥作用，真正做到"男女搭配，干活不累"呢？

（浙江省宁波市鄞州区金色幼儿园　陈巧露）

第四章

如何与家人沟通

在日常生活中,幼儿教师接触最多的人就是自己的家人。作为家庭中的成员之一,幼儿教师需要与家人进行良好的沟通——遇到分歧时要沟通,遇到意见不合时要沟通,遇到争论时要沟通。在多样化的角色身份中,幼儿教师要做好与父母、孩子、爱人之间的沟通;在各种各样家庭问题的探讨中,幼儿教师要讲究沟通的技巧和策略,努力营造轻松愉悦、健康和谐的家庭氛围。

当然,谈及与家人沟通的技巧,其实也有多种策略和方法。比如,做好自我调节,用良好的心态面对家人;无论是长辈还是晚辈,都希望得到尊重,在与家人的沟通中要严守和气、礼貌原则;遇到意见不一致时,也要懂得循序渐进,注意沟通方式的多样性。要相信:和谐的家庭氛围能缓解繁重的工作压力,促使幼儿教师始终带着愉悦的心情投入工作中。家人的支持和理解是幼儿教师专业成长的动力,让工作和生活都充满幸福感。

难题 41 如何得到家人的理解与支持

工作和家庭是个人的两个主要生活领域,在信息化迅速发展的今天,工作很容易影响到家庭,同时家庭关系也很可能影响到工作。但由于每个人的时间和精力都是有限的,家庭和工作相互争夺资源的情况便时有发生,进而产生矛盾和冲突。例如,幼儿教师由于经常加班引发家庭矛盾,该如何处理呢?

小赵是一名幼儿园老师,也是园内的中层干部、骨干教师。由于幼儿园经常要开展活动,做对外接待等工作,而小赵又是教研组长,所以她特别忙。一旦遇到大型活动,她几乎都要留下来加班,进行环境创设,帮助其他老师修改教案,和大家一起进行团队研课等。每次回家后,小赵都累得不想说话,也没有时间和精力做家务活,有时双休日还要参加教师培训等。家人不能理解她为什么忙得顾不上家庭,由此家庭关系变得紧张,小赵为此也感到很苦恼,但不知道如何与家人沟通。

【案例分析】

上述案例中,小赵在和家人沟通时存在以下几方面问题。

1. 缺乏坦诚的沟通

家人之间的感情也需要沟通得以联结,案例中的小赵工作了一天后身心疲惫,顾不上与家人说话就匆忙休息,她认为家人应该体谅她。但是家人不了解、也不知道小赵的工作性质,他们无法想象一个幼儿教师为什么会天天加班,不就是管管孩子,唱唱歌、跳跳舞吗?可见缺乏沟通与交流导致了双方关系的紧张,久而久之,家庭矛盾将会升级。

2. 未能照顾家庭的需求

现代女性都有双重的身份,既要在外为工作付出辛勤的汗水,又要承担养儿育女、照顾家人的责任。因为加班的缘故,小赵在照顾家人方面难以尽到自己的义务，造成家人对她的不理解。

3. 没有创造浪漫的氛围

一个幸福温馨的家庭需要创造一些浪漫的氛围，这样会使家人关系更加亲密融洽。试想，家里死气沉沉，毫无生机，妻子要么不在家，要么回到家就喊累，很少有时间与家人一起坐在餐桌前品尝美食，坐在电视机前看电视节目。随着时间的推移，家人会越来越讨厌小赵的加班，家庭气氛将越来越冷漠，夫妻感情也会越来越淡。

出现这样的情况，我们该如何帮助小赵解决实际困难，既不影响她的工作，又能维护良好的家庭氛围，取得家人的理解和支持，获得事业与家庭的双丰收呢？

【破解策略】

1. 促膝交谈，获得支持

现代社会节奏较快，工作与家庭之间总会出现一些不和谐音符，重要的是家人要理解对方奔波在工作和家庭之间的不易，尽可能用切实的支持代替无益的埋怨。案例中的小赵首先需要感谢家人的付出，在自己加班的这段时间里多亏了家人的支持，通过真情实意的感谢，缓解紧张的气氛。其次，找家人谈谈自己的想法，告知家人加班的必要性，跟家人详细说说自己一天的工作流程，让家人了解幼儿教师职业的特殊性质，理解加班的重要性。因为赵老师是园内的骨干教师，不但要做好自己的分内事，还要为园方出谋划策，帮助年轻老师快速成长起来，承担一名中层干部应尽的职责。最后，也可和家人谈谈自己对事业的进一步规划，能够在关键时刻得到家人的支持。相信通过这样的交流，家人会心疼小赵的辛苦，也能更加理解和支持小赵。

2. 合理安排，统筹兼顾

女性在家庭中要扮演各种角色，尽职尽责，用心经营和维护，努力做到工作、家庭两不误。那么如何协调和平衡两者的关系，这就需要预先做好规划，商讨任务分工，如买菜做饭、整理家务、教育孩子、探望父母等，根据家庭成员的能力和时间来合理分配。在实际操作过程中需要权衡工作与家庭，灵活变通，哪方面需要预先完成就优先解决，比如，父母生病了必须先去探望安抚，然后再去单位加班，这样就不会遭到家人的反对。同时也可以在经济条件允许的情况下请个钟点工来帮忙，这样就会有宽裕的时间让自己工作后得到休息。世上无难事，只要妥善处理好，就可以做到工作与生活两不误。

3. 创设条件，感受惊喜

生活需要处处浪漫，不要让家庭生活处于一潭死水之中，要用我们的智慧去弥补缺憾，最终达到平衡的目的。案例中小赵可以在空余时间高质量地陪伴家人——带孩子去游玩，陪父母去逛街，对老公撒撒娇，甚至制造一些浪漫的气氛，给他一个惊喜；也可以用买礼物的方式来表达对家人的亏欠。当自己出差在外时，每天给家人打电话，发信息，让家人感受到自己对他们的牵挂。如果有合适的机会，可以带家人到自己工作的单位参观，了解工作内容、工作环境和氛围，让他们感同身受，体会幼儿教师工作的辛苦。同时也可以建议幼儿园领导在每年年终或特定节日时举办家属联谊活动，邀请家属参加：一来可以增进感情，二来在会上可以举行家属授奖仪式，将"幕后英雄"之类的奖章颁发给那些默默支持幼儿园工作的家属们，让家属们更加无怨无悔地支持家人的工作，从而取得双赢。

>>> 【举一反三】

加班可能会引发与家人的矛盾冲突，那么当其他家庭琐事与教师工作发生不和谐之音时，我们又该怎么解决呢？

（浙江省宁波市第二幼儿园　陈明瑶）

难题 42 如何处理婆媳关系

据统计，现代家庭中，在影响婚姻幸福和家庭和睦的诸多因素中，婆媳关系不和对夫妻感情的破坏成为仅次于婚外恋的"第二杀手"，被人们戏称为影响婚姻质量的"恶性肿瘤"。在现实生活中，由于婆媳关系的紧张而导致整个家庭不和甚至引发家庭破裂的现象时有发生，婆媳关系影响着家庭的和谐与社会的稳定。那么幼儿教师又该如何处理婆媳关系呢？

幼儿教师丽丽是一个城市媳妇，她的婆婆来自农村，含辛茹苦地把儿子培养成人，结婚生子。婚后小夫妻俩把婆婆接来家里小住，平时夫妻俩上班，婆婆帮他们做家务。刚开始丽丽和婆婆还能和平相处，可随着时间的推移，矛盾渐渐出现：婆婆嫌媳妇好吃懒做，不懂节约，花钱大手大脚，还经常和朋友出去聚会，晚上很晚回家，同时她对儿子把工资卡交给媳妇很有意见；媳妇嫌婆婆不讲卫生，生活习惯差，太节省，爱唠叨。于是双方都看彼此不顺眼，言语相讥。婆婆找儿子评理，媳妇找老公评理，弄得家里鸡犬不宁。作为儿子和丈夫，每天夹在两个女人的烽火交战中身心疲惫，只想找个清静之处躲起来……

【案例分析】

上述案例中，丽丽和婆婆的关系之所以紧张，有以下几方面原因。

1. 文化背景差异

丽丽与婆婆属于不同时代、不同地域的人，由于生理和心理方面的原因，婆婆对新事物、新观念的接受、消化、吸收相对滞后。当老人发现有些观念与自己固有的或传统的观念相背离时，就会产生矛盾。比如，婆婆对于媳妇请客吃饭、与异性接触的社会交往方式等有很强的抵触心理；对于媳妇"好吃懒做、不懂节约"的做法很排斥。丽丽则无法理解老一辈人，尤其是农村老人的生活状态，所以她想不通婆婆为什么要这么节省，钱不就是用来花的吗？

2. 情感平衡失调

中国的大家庭比较强调代与代的连续性，母亲常不能把自己从儿子的小家庭中分割出来，过分地参与儿子的小家庭，甚至把媳妇当成外人；然而婚后，夫妻双方相处时间比较多，有更多的心理沟通，夫妻间的感情更为深厚。当婆婆看到儿子将曾经对自己100%的爱分给另外一个女人时，即原先的心理平衡被打破了，心里便会接受不了，认为是媳妇夺走了原本属于她的爱，于是自然而然地把媳妇当成了"敌人"，在生活中处处带着敌意。

3. 经济利益分歧

家庭生活是以一定的经济条件为基础的。现代家庭在经济收入和支出方面与传统家庭有着很大的不同。传统家庭中的经济大权一般都掌控在父辈手中，下一代没有独立的经济支配权力。但在现代家庭中，两代人——父母与儿子、儿媳——在经济上是各自独立的，经济大权一般由女性，即媳妇掌控。案例中的婆婆无经济来源，在经济支出上精打细算；媳妇掌握经济大权，注重自我价值的实现和自我享受。这种经济上的不平衡以及对金钱开支的处理不当，就会引发婆媳之间的矛盾与冲突。

上述三个问题都严重影响着婆媳之间的关系。

》【破解策略】

1. 婆媳相互尊重和谅解

（1）**相互认同**。婆媳双方是一种平等的人际关系，而不是一方必须服从另一方的支配与被支配的关系，双方都要认识到对方有独立的人格，互不干涉对方的私生活，相互尊重。婆婆年纪大，管家经验丰富，但不能总在媳妇面前摆架子，家里的事情媳妇也要多征求婆婆的意见。双方可以多夸夸对方的好，媳妇可以在别人面前称赞婆婆："我妈烧的饭菜色香味俱全，厨艺可好了，都把我喂胖了，妈妈还帮我们做家务，家里数她最辛苦。"婆婆也可以夸夸媳妇："我家媳妇，人长得漂亮又能干，是单位里的领导。"这样一说，双方的心里都会乐开花，何乐而不为呢？

（2）**相互体谅**。所谓体谅就是站在对方的立场去考虑问题。我们的先辈在处理人际关系时所提倡的"己所不欲，勿施于人""设身处地"等原则，都包含着谅解的含义，是处理人际关系的金玉良言。要发展良好的婆媳关系，就要学会谅解对方，体贴对方，为对方着想。案例中的婆媳双方文化背景不同，生活习惯有差异，就更需要相互体谅。比如，婆婆爱留剩菜，媳妇要体谅这是老年人的通病，可以讲事实摆道理，说说吃隔夜菜的危害性，让婆婆慢慢改变；同样，对于媳妇的缺点，婆婆也不要一味地指责，可采取晓之以理、动之以情的方法感化媳妇。

（3）**避免争吵**。婆媳之间出现分歧、产生矛盾时，双方一定要保持冷静。婆婆是长辈，即使错了，作为媳妇也不要和她顶嘴，而要保持冷静与沉默，或者寻找合适的机会避开婆婆等。婆婆也不能得理不饶人，唠叨个没完，等事态平息后，婆媳两人再交换意见，处理问题。

2. 抛弃"婆媳是宿敌"的传统观念

（1）**转变观念，调适心理**。婆媳属于两个时代的人，在思想上、生活上、习惯上很难完全一致。要想搞好婆媳关系，首先要摆正自己的位置，多站在对方的角度考虑问题。婆婆是家庭中的长者，尊敬老人、孝敬公婆是做儿媳应尽的义务。媳妇对婆婆应该心存感激之情，夫妻恩爱之时应该想到婆婆的育子之恩，把婆婆当成自己的妈妈，对老人宽容、大度、少埋怨。当然，做婆婆的也应该给予儿媳充分的包容和理解，尝试把媳妇当成自己的女儿，以宽和的心态处理与儿媳的关系。

（2）**情感物质，双管齐下**。媳妇与婆婆都要在潜意识中把对方当成自己的亲人，媳妇在给自己妈妈买东西的时候也要想到给婆婆买一份，细心观察婆婆的日常生活，记住婆婆的喜好，有机会就满足婆婆的心愿。婆婆将从内心感谢媳妇，挑剔之心就会减少。平时可以多关心老人的生活，向婆婆嘘寒问暖。老人身体不适时，更需悉心照顾，使老人在精神上得到慰藉。婆婆也要从心里把媳妇当成自己的女儿，从妈妈的角度来关心媳妇，比如，媳妇工作压力大，婆婆可以帮助她分担家务，照顾孩子。媳妇下班回家看见婆婆帮她把家打理得井井有条时，一定也非常感动。平时婆媳两人可以一起逛街、看电影，一家人去旅游，甚至可以给婆婆报名参加老年大学，丰富她的业余生活，让婆婆心情愉悦。这样两人渐渐地就由原先的"敌人"变成了亲人。

3. 发挥中介的调和作用

（1）**帮助心理沟通**。婆媳关系本来就是亲子关系与夫妻关系各自的延伸而形成的一种新的家庭人际关系。儿子或老公在婆媳关系中扮演着中介角色，这个中介对双方的性格特点最为了解，因此在处理婆媳关系中起着十分重要的作用。通过中介的沟通，婆媳之间更容易消除心理上的障碍，增进感情。例如，平日家中有什么关于婆婆的事情，儿子可以多叫妻子出面；母亲过生日，可以买好东西叫妻子出面送给老人等；每到年底，儿子也可以悄悄告诉自己的母亲家里的经济收入，让母亲觉得自己的妻子是个持家有道的媳妇，就不会对她掌握经济大权而耿耿于怀。这些做法都有助于婆媳之间的情感交流。

（2）**缓解疏导作用**。由于婆媳之间既缺少母子间的亲切，又没有夫妇间的亲密，因而出现了隔阂往往不容易消除，这时就要通过中介从中周旋。比如，儿子在自己母亲面前说媳妇的不对，替媳妇向妈妈道歉，宽慰妈妈，得到谅解。同样在自己妻子面前说说母亲的不是，让媳妇觉得老公还是站在自己一边。先安抚好各自的情绪，再找机会创设条件，消除双方的心理障碍，使婆媳和好如初。

>> 【举一反三】

婆媳之间的关系难处理，那么当夫妻、父子、母子这些亲情之间出现观念不同、情感危机时，又该如何处理呢？

（浙江省宁波市第二幼儿园　陈明瑶）

难题 43 如何与青春期叛逆的孩子沟通

青春期是一个美丽、灿烂的季节，同时也是一段躁动不安、令人烦恼的岁月，是一个儿童心理模式被打破，成人心理模式尚未完全建立的特殊年龄段。这段时期常是人生的"危险期"，随着生理、心理的逐渐发育，孩子不可避免地会产生许多困惑和烦恼。面对青春期的孩子，家长到底应该怎么跟其沟通呢？

读高中的一恒最近成绩退步，对学习不感兴趣，上课不听讲。一恒的性格倔强，自尊心强，逆反心理严重，经常和老师顶撞，有强烈的抵触情绪，常因为不按时完成作业及考试成绩不理想等受到老师的批评。他一副不服气的样子，与老师顶嘴，坚决不承认错误。如果有的老师说了一些过激的话，那么他在这门课上就干脆睡觉，不听讲，不写作业。此外，一恒的爸爸长期在外地工作，他从小和妈妈一起生活。妈妈工作较忙，对他要求严厉，说一不二，缺乏关心和理解。一恒小时候不敢顶嘴，现在听到妈妈唠叨就发脾气，一回家就进自己的房间，妈妈不论问什么，他都回答"是"或"不是"，有时候问到学习上的情况，他就不高兴地大声嚷嚷："说个没完没了的，烦不烦啊。"总之，一恒总是和妈妈对着干。"你说说，你到底想干吗？天天就知道玩手机，根本不想学习的事儿！这次考试垫底，还被班主任点名批评，再这样下去，你的人生真毁了！"开完家长会回到家，看到迎面开门的儿子，妈妈再也压不住心中的怒火，恶狠狠地骂了他几句。"你别说了，我没兴趣学习，靠其他也能挣钱。妈妈你真虚伪，除了让我学习，你还会说什么？""嘭"，儿子甩门出去了，妈妈的眼泪模糊了双眼……

【案例分析】

许多孩子进入青春期后发生的变化是父母没有预料到的，过去和父母的关系很融洽，现在变得对立起来。在这一时期，亲热的爱抚动作、说教和唠叨会使他们反感，过多的限制和粗暴的指责则会激起他们的反抗。有的孩子甚至会把老师和父母当作敌人，把批评和教育当作和自己过不去，要争取自己的权利和独立。如此，一恒和妈妈在沟通上出现了很多问题。

1. 专制与霸权问题

一恒从小到大，无论生活、学习、交友，妈妈没有一样是不干涉的，不让他发表任何意见。可见，妈妈过于专制的管教引起了一恒的敌对情绪。妈妈不了解孩子的内心变化和需要，只是简单粗暴地对待孩子，长此以往，一恒遇到问题便不愿意和妈妈沟通交流，加之叛逆期的原因，使沟通变得更加困难，情况也越来越严重。

2. 平等与尊重问题

一恒的妈妈认为自己是长辈，理应让孩子处处都听她的，产生了"孩子必须听从父母"的想法。但这样的做法只会引起孩子的反感，且没有做到和孩子平等交流，使孩子与父母之间的距离越来越远。而且，与孩子交流时，妈妈过于强势，从来都是说一不二，没有倾听孩子内心的想法，也没有尊重孩子各方面的需求。严格来说，妈妈没有做到真正地尊重孩子。

3. 父爱缺失问题

由于一恒的爸爸长期在外地工作，孩子从小得到的父爱较少。而此时又正处于青春叛逆期，加之母亲的强势，沟通的不当，叛逆的情况便会日益加重。

【破解策略】

面对青春期叛逆的孩子，家长在与其沟通时应注意以下几点。

1. 倾听，是沟通最好的"语言"

使倾听最有价值的不是倾听本身，而是倾听后的宽容与理解。但大多数时候，很多家长不会倾听，更喜欢用传统的方式教育孩子。长此以往，亲子之间的沟通会越来越困难，最终形成恶性循环。例如，有的父母没等孩子说完话，就打断孩子，按照自己的想法提出解决问题的方法，这样做不仅没有认真体会孩子的意思，而且会让孩子觉得爸爸妈妈过于专断。"听其言而观其行"，父母应该学会倾听，通过观察、交流，了解孩子的需求，帮助他们思考得更深入，扬长避短。

2. 尊重，是沟通成功的秘密

（1）尊重孩子的人格与尊严。孩子进入青春期后，往往急于摆脱原来"小孩子"的身份和行为模式。因此，父母应该将孩子看作一个小大人，将他视为一个与自己平等的个体。

（2）父母要做到尊重孩子的独立意识和适当的自主要求，不应把孩子作为支配的对象看待，而应将孩子作为独立的自我看待。

（3）少说教，少唠叨，不要经常拿别人家的孩子和自己的孩子进行比较。也许父母不能做到时时夸奖自己的孩子，但绝对不能贬低自己的孩子。

3. 理解，帮助孩子厘清心结

（1）学会理解孩子。在得到家长的赏识、认可后，孩子心情愉悦，信心倍增，内心充满幸福感，更容易接受家长的意见，克服自身的小毛病。如果家长只是一味地数落、训斥孩子，甚至打骂孩子，不仅影响自己的情绪，而且很容易让孩子陷入自卑的泥潭。

（2）孩子慢慢地长大后会有自己的主见，不愿意跟父母沟通交流，这时候就是孩子的逆反期。父母应避免对孩子的行为进行过多不必要的限制，尊重孩子，以朋友的身份平等地对待孩子，给孩子一定的空间去自由探索，让孩子感受到自己被接纳、被理解。

（3）孩子应该有做出选择的机会和权利。父母的想法不一定全部正确，即使全部正确，孩子也不一定要全部接受。要知道，只有当父母把孩子当作与自己平等的对象看待时，孩子才会更快地成熟起来。

4. 适度，适当地给孩子独立的个人空间

处于青春期的孩子渴望拥有自己的私人空间，不会事事都告知父母，甚至有了自己的小秘密。一方面，这个期间的孩子学业很重，家长不需要事事都过问，无论是在平时的生活中，还是在学习上，都要给孩子留出个人空间，让他试着自己去解决问题，做出调整。另一方面，青春期的孩子判断能力较弱，思想尚未成熟，因此在为孩子提供独立空间的同时，父母也需要适当地对孩子进行引导，但不要进行过多的干涉。

5. 欣赏，不要将自己的孩子与别人的孩子比较

孩子需要父母的鼓励，就像植物需要水一样。父母适时地鼓励、赞美孩子，

可以增强孩子的自信心。在日常生活中，很多家长喜欢拿自己的孩子与别人的孩子做比较，家长的出发点是希望通过比较，激发孩子学习的积极性和自觉性，但是结果往往适得其反——这种比较容易让孩子丧失自信和自尊。因此，家长在与青春期的孩子沟通时，要把握沟通的"边界"，多肯定和赞美孩子，用欣赏的眼光看待孩子。

》【举一反三】

青春期叛逆的孩子往往需要家长采用特别的方式与之沟通，那么面对孩子的早恋问题，家长又该怎么做呢？

（浙江省宁波市闻裕顺幼儿园　李追）

|难题 44| 如何与父母更好地沟通

身为幼儿教师的我们，有时忙于幼儿园的各种活动，有时忙于和幼儿的家长沟通交流，有时忙于和朋友同事聚会……殊不知在不知不觉中，我们陪伴在父母身边的时间越来越少，有时难得坐下来与父母说说话，却发现与他们没有话说，有时甚至与父母顶嘴、争执，最后在不愉快中草草收场。那么，为什么有时会与父母产生莫名的矛盾呢？又该如何与父母更好地沟通呢？

最近，幼儿园正在筹备与开展活动，忙于工作好几天没回父母家的李老师终于可以回家吃饭了。这次，李老师特意给父母带回一只小狗，想为他们平淡的生活增添些乐趣，顺便弥补自己常常由于工作无法陪伴父母的遗憾。吃完饭，一家人终于坐下了，打开了话匣子，李老师一面随意地转换着电视频道，一面向父母说："这只小狗给你们养。"然后诉说着幼儿园里的各种事情和家长工作的烦琐，母亲稍加安慰后说："这只小狗是从哪里来的？那么贵的东西，你买这个干吗？怎么突然要养狗了？"父亲又说："你啊，别总是抱怨，这些都很正常，再说你自己选择的这个职业，我们年轻的时候也是这样过来的，这点事情就受不了，以后怎么办……"听了这些话，李老师说："哎，我真的好累啊！"之后李老师觉得心里很委屈，便坐在一旁不再作声，默默地看着电视。从那天以后，李老师虽然天天回家吃饭，可好几天都不与父母交流……

【案例分析】

上述案例中，李老师与父母沟通不畅主要有以下几个问题。

1. 思想观念差异

年轻人所生活的时代，与父母所经历的时代存在着较大的差异。由于现代社会的迅速发展，年轻人接触到层出不穷的思想、观念，这些都促使年轻人与父母在思想观念上存在较大的差异，考虑问题的角度与思维方式自然不能与父母完全一致，于是在沟通中产生一系列的矛盾。

2. 沟通机会较少

随着年龄的增长，社交圈的扩大，我们会忙于应付种种事情，在不知不觉中减少与父母相处的时间，随之而来的便是沟通交流的机会越来越少，导致对彼此的生活、人际关系等方面的了解程度大大降低，因此有时就会出现和父母诉说自己的苦恼，而父母却不理解的情况。甚至会产生难得有沟通交流的时间，却不知道该和父母说些什么的情形。

3. 沟通技巧未掌握

我们有时在与父母交流时，没有很好地掌握、运用沟通的策略，未能让父母理解自己想要传达的意思。如案例中的李老师一般，明明想用小狗表达对父母的爱，可是却因为缺少沟通的技巧，导致与父母之间产生矛盾。

4. 个体理解差异

每个人都存在着个体差异，就如法国大文豪莫泊桑所说："没有两个人的鼻子是相同的。"他强调每个人，每一个事物，都有自身独有的特征。即使孪生兄弟，也必有不同之处，同样，世界上没有两个人有完全相同的想法和做法。因此，我们与父母对同一件事的想法和做法，既是徘徊在"异""同"之间的，这就为"沟通"留下了空间。

》【破解策略】

作为子女，我们应该与父母搭起"沟通"的桥梁，建立起良好的亲子关系。

1. 尊重、理解父母是前提

父母是我们的长辈，在与父母交谈时要注意说话的分寸；与父母发生冲突和矛盾时，要做出必要的让步和道歉；尊重父母的个性，欣赏父母的优点；与父母产生分歧时，不能采取回避、疏远、顶撞的态度。尊重父母，不仅要表现出对他们的尊敬，也要接受父母的处事方法。如果父母对涉及自己的事提出看法或异议，应委婉解释，争取达成共识。

此外，我们要努力理解父母与我们之间存在的种种差异，也要明白父母所说的和所做的都是为人父母对其儿女的关心所致，例如，父母的"唠叨"。要理解父母对自己的殷切希望,也要体谅父母在关爱方式上的不当。在家庭交往中,要理解父母的感受,遇事不必太计较。同时应该理解父母其实也有烦恼,知道他们同样需要向子女倾诉,时时关心父母。

2. 把握时机很重要

与父母交流,时机的把握尤为重要。有时,在与父母沟通交流时,难免会产生意见不同的时候,这时,争执就会随之而来。鉴于当下讨论的情况,大家各执己见,互不相让,继续讨论只会让争执愈发激烈,不如暂时停止讨论。因为在讨论的过程中,也许父母当时过于劳累或在工作生活中遇到了麻烦,也可能是听到你的意见时当下即时的反应。不如换个时间和地点,给父母一些思考的时间,转换一下心情,再与父母进行沟通,会有意想不到的效果。

3. 掌握技巧与方法是关键

(1)**认真倾听**。说话是一门学问,听话同样也是一门艺术。与父母交谈时,首先要学会倾听,再学会倾诉。尤其在接受父母批评时,有错就向父母承认,有理由要委婉地向父母表达。在认真倾听的过程中,我们能逐渐体会父母的心情、期望和用意。当父母在表达自己的看法时,要认真地倾听;当被父母责骂时,不要着急反驳,试着平心静气地先听父母说完想法,说不定你会了解父母大发雷霆背后的缘由。

(2)**积极交流**。积极主动地向父母汇报自己的近况,倾诉心中的烦恼,让父母了解你的动态,建立亲密的亲子关系。每天抽出一点时间,比如,饭前或饭后,和爸爸妈妈主动谈谈自己的工作和生活、高兴的事或不高兴的事,或者问问爸爸妈妈最近的生活状态,时时刻刻关心他们,了解他们的忧愁与欢喜。通过与家人一起分享自己的喜怒哀乐,拉近与父母之间的距离,改善与父母之间的关系。

(3)**创造机会**。在忙碌的生活中,主动创造与父母在一起沟通交流的机会。例如,可以计划在每个月或者在一段时间中跟父母一起做一件事情,比如,一起逛街、一起看电视、一起去旅行……并且,在做好自己事情的同时,主动分担一些家务活,比如,洗碗、倒垃圾、擦窗等,趁机跟父母聊聊天,寻找机会与父母沟通。

(4)**赞赏父母**。俗话说,"良言一句三冬暖,恶语伤人六月寒"。每个人都喜欢被赞赏,尤其是被自己最亲近的人赞赏,父母也不例外。赞赏能够增进亲子之间的感情。赞美父母对我们的爱,他们会感到温暖;赞美父母当年之勇,能够让他们更开心。在生活中感受父母关心子女的点滴用心,再用语言表达对他们付出的赞赏,真诚得体地赞美父母,这些都是增进亲情的有效方法。

(5)**控制情绪**。在与父母沟通不畅时,不能随意地与父母发脾气、顶嘴,避免不小心说出或做出伤害父母的事。在动怒之前,我们可以尝试深呼吸、离开一会儿或者用凉水洗把脸,尽量控制不良情绪,或者可以通过其他方式将愤怒情绪发泄出去,比如,找个地方跑一圈,出汗的同时将那些不好的情绪都释放出去。要理智地消除不良情绪,事后仔细地分析原因,然后与父母共同协商,从根源上解决问题,彻底消除不良情绪。

≫【举一反三】

针对某件事情与父母产生不同的看法时,我们该怎么做呢?

(浙江省宁波市闻裕顺幼儿园 史晓琳)

难题 45 如何平衡家中大宝和小宝的关系

在这个特殊的时代，有幸拥有二胎宝宝的父母有着独特的快乐，但绝不会比只生养一个宝宝的父母更轻松。除了要付出更多的精力、体力和财力，还要面对如何让两个孩子友好相处的敏感问题。那么，如何做一个智慧的父母，如何处理大宝和小宝之间的矛盾呢？

莎莎和哥哥发生了矛盾，他们为了看哪个电视频道争吵不休。刚开始，他们商议每人看20分钟。可是因为节目里出现了惊险的场面，哥哥不愿意妹妹被惊险的场面吓到，于是建议改变规则为每人看10分钟。莎莎不同意，哭闹着去抢夺遥控器。

妈妈看到后很生气："哎呀，你怎么又在欺负妹妹？你怎么总让我心烦呢？"

"妈妈，你冤枉我了，我没有欺负妹妹……"

"得了，我才不相信呢，你就是比妹妹能言善辩。除了你欺负她，还会有谁呢？"妈妈气呼呼的，根本听不进去。

"好，好，就算我欺负她好了，谁让她总是像笨蛋一样傻傻的？我就是要欺负她，你来惩罚我吧！"哥哥被激怒了，干脆朝着妈妈乱嚷，那样子就像受了很大的委屈。随后，他们三人都不再说话，房间里的空气冷冰冰的。

【案例分析】

上述案例中，这位妈妈的处理方式存在以下问题。

1. 妈妈对于冲突事件的原委认识不清

本事件中，妈妈并没有了解清楚事件的原委，就对大宝进行抱怨与指责，而对小宝一味地袒护，这会对大宝的心理造成一定的伤害。大宝毕竟还是孩子，他的内心是敏感的。有些时候妈妈不觉得怎么样，但大宝却能感觉出妈妈对小宝的偏心，于是他内心会感到不满，渐渐变得更加叛逆或者不自信。而小宝容易恃宠而骄，变得越来越任性，且在这样的宠爱中难以学会分享。

2. 妈妈对于两个孩子的问题与需求了解不清

妈妈并没有站在大宝的角度来考虑问题，加上妈妈认为大宝本身就是一个孩子，他的想法和感受是不成熟的。因此，妈妈并没有采用恰当的方式来表达对大宝的理解，这让大宝感到很委屈。此时的大宝可能会认为妈妈对自己不理解、不关心，于是他开始减少甚至停止自我表达，关上了通往自己内心深处的"大门"，同时对妹妹产生了更多的怨恨。

3. 妈妈的突兀介入使得两败俱伤

从表面上看，父母不让大孩子欺负小孩子，是对子女的保护。而透过这个现象，我们却发现，哥哥和妹妹争夺遥控器并不是为了自己，而是哥哥在保护妹妹。孩子之间出现冲突，只是一个短暂的过程，相信哥哥马上就可以用自己的方法令妹妹破涕为笑。而此时妈妈的突兀介入，不仅让兄妹都没有时间了解彼此的真实想法，无法再用轻松的心情继续享受电视节目，也影响了他们处理个人关系能力的养成。妈妈过度紧张，干扰了孩子之间自行解决问题和矛盾，剥夺了他们自由思考的权利。

》【破解策略】

手心手背都是肉，面对孩子的争吵，如何公平对待，随时考验着父母的智慧！

1. 我知道你需要什么——关注孩子的心理需求

父母的爱对孩子的健康成长是非常重要的。孩子对父母关爱的感知，决定了孩子心理状态是愉快、乐观，还是孤僻、胆小、忧郁等。足够的情感互动，是孩子道德观以及自我评价的源泉，也是孩子向更高智慧前进的本钱。

作为父母，我们首先要努力做到给两个孩子一样的关爱。当然，小宝来到后，我们会对大宝放松一些要求来平衡大宝的情绪，因为这时小宝需要更多的爱护，而对大宝则要考虑到其他心理需求。比如，要保持小宝到来之前，每晚讲故事哄大宝入睡的习惯。小宝到来之前大宝已经养成的生活习惯不能全部被打断，而要延续以前的生活习惯，让大宝循序渐进地适应有小宝的新环境。这些不是嘴上说说就可以的，对于小一些的孩子，仅仅是讲道理还不够，他们要亲身感受到爸爸妈妈还和以前一样爱他，才是有效果的。当然，父母也可以适当地邀请大宝一起来照顾弟弟/妹妹。在大宝照顾弟弟/妹妹的过程中，对大宝做得好的地方，可以给予及时的鼓励，让大宝感受到照顾弟弟/妹妹的成就感和责任感。

2. 每个人都是不完美的——认清孩子的个体差异

每个孩子的成长节奏、兴趣爱好都是不一样的。有的父母无意识地会拿小宝和大宝比，这本身就是不公平的。小宝晚于大宝来到这个世界，即使相差一岁，能做的事情也有天壤之别。作为成年人，可能觉得相差一两岁没有什么，但是对于孩子来说，5岁和6岁是完全不一样的。即使是双胞胎，早一会儿出生和晚一会儿出生，两个人在个性上也不一样。甚至成年后在责任的承担上也是有差异的，这和社会规则，以及父母平时潜意识的对待有很大关系。小宝对大宝总是带有崇拜的感情，这个时候如果父母不停地拿两个人做比较，会对小宝造成心理压力，不仅不能激励孩子，反而会让小宝产生逆反心理。所以，"你看哥哥做得多好，你也不能落后"或者"做哥哥的怎么连弟弟都不如"类似这样的话要慎说。不要在两个孩子之间做比较，要善于发现两个孩子的优点，引导他们发扬优势，弥补自身的不足。

3. 你们自己解决吧——放手让孩子自己解决问题

中国父母，大多会觉得大的要照顾小的，所以当大宝和小宝发生矛盾时，总忍不住要求大宝做出让步，其实这样做是不恰当的。有的时候，大人认为理所当然的事，在孩子的世界里未必就是这样。适当地引导大宝照顾小宝，会增加大宝的责任感，这固然是件好事。但是如果父母过分强调这一点，则会让大宝觉得弟弟妹妹是来和他争宠的。当孩子之间发生矛盾时，父母首先要理智，最好不要用自己的想法做判断，先让孩子自己解决矛盾。当场面不可控时，父母再介入，分别单独聆听每个孩子的想法，然后再解决问题。

4. 也许你们两个都没错——大宝小宝，谁都不应该成为对方的困扰

家里的大宝往往上学早，当他课业重的时候，小宝往往还处于很轻松的状态。这时，大宝就会遇到难题。比如，当大宝在写作业的时候，小宝会捣乱。遇到这类情况，就要引导小宝，让他明白学习需要一个安静的环境，哥哥或姐

姐学习的时候自己要安静地玩。或者在家里立一个规矩，家中有人在学习时，其他人要保持安静，可以出去玩或者写字画画，总之，不能影响对方。孩子幼小的心灵需要父母细心地呵护，才能健康成长。

>> 【举一反三】

如果家中是独生子女，作为家长又该如何处理他们与同龄人之间的关系呢？

（浙江省宁波市闻裕顺幼儿园　张雨）

难题 46　如何应对家庭成员在培养孩子方面产生的分歧

父母是孩子的第一任老师，孩子的培养与家庭成员有着密不可分的关系。儿童期是为一生打好基础的关键时期，在这段时期，孩子需要养成良好的意志品质、社会交往能力、自主性与自信心。在当前飞速发展的社会背景下，教育理念呈现出多元化的趋势。因此，一个家庭在培养孩子方面经常出现观念、意见不一致的情况，那么在面对这种矛盾和冲突时，需要注意哪些原则和事项呢？如何运用良好的策略去解决分歧呢？

晚饭后，小陈与丈夫小胡商量："你说我们要不要给小凯报个兴趣班，让他去学学英语。我同事家的孩子才上中班就已经在外面学少儿英语了，听说效果还不错。我们家小凯都已经上大班了，转眼就要上小学了。现在英语多重要，你又不是不知道，不能输在起跑线上啊！"小胡满不在乎地说："这有什么好学的，上了小学，老师会教英语。现在学那么多，以后孩子上课不认真听，吃亏的还是自己。别老看人家报兴趣班，你就跟风凑热闹。"小陈有点生气："你懂什么，专家都说越小的时候学外语效果越好。你自己不喜欢读书，别耽误我们小凯！"小胡又说："反正小凯是男孩，不一定非要读书才有出息。只要能赚大钱，谁管他读书好不好。"这时小凯在一旁轻轻地说："爸爸妈妈，我好朋友在外面学街舞好酷啊，我也想去学！"夫妻俩根本没有理小凯，而是继续争吵，吵到后来甚至动手扔东西……小凯吓得哭了起来，夫妻俩也没有理会他的情绪。

【案例分析】

上述案例中，这对夫妻之间存在以下几方面问题。

1. 面对分歧，态度消极

很多时候，产生分歧其实并不可怕，可怕的是双方在面对分歧时用消极的态度、负面的情绪去解决问题。在本案例中，这一问题极为明显，一开始小陈用商量的口吻与丈夫小胡进行沟通，但是小胡根本没有听进妻子想为孩子报英语培训班的理由，一副满不在乎的样子。而小陈也不能很好地控制自己的情绪，于是一来二去就引发了家庭争吵。家长当着孩子的面无原则地随意乱发脾气，会伤害孩子的自尊心，使孩子产生敌对、自卑等不良心理状态，更有甚者会使孩子有样学样，影响孩子以后在人际交往中的待人处世。

2. 自我为主，忽略孩子

我们经常说"以幼儿为主，体现幼儿的主体地位"，在培养孩子方面，家长确实有着不可忽视的重要作用。但是培养孩子中最主要的角色肯定是孩子自己。当孩子在父母面前发出声音，告诉父母自己的想法和期盼时，其实需要鼓足很大的勇气。而父母往往会忽略孩子的想法，他们总是习惯性地以"孩子还小，什么都不懂""孩子总爱模仿，人家干什么他就要干什么"为理由拒绝孩子，而不是静下心来耐心地倾听孩子内心的想法。案例中的小凯在看到父母发生争执后，轻轻地告诉他们自己真正想学的是街舞，最后得到的是父母的无视和无回应。这样的经历会让小凯产生害怕、自卑、不敢交流的心理，因为自己的想法没有得到及时有效的回应。

3. 没有准备，缺少规划

家庭教育是一件重要的事情，因此父母双方在有了孩子之后应当对孩子的培养进行具体的规划和设想。一旦确定双方中的一人为孩子的主要抚养人，那么主要抚养人就应该承担起相应的责任和义务。主要抚养人需要提前做好一定的培养规划，并与另一方进行商量。而案例中的父母显然对于孩子的培养没有准备和规划，平时也因为工作繁忙顾不到孩子，总是想当然地认为自己为孩子提供的就是孩子所需要的。在不了解孩子的情况下，听风就是雨，看到别人家的孩子在学什么就开始焦虑，觉得自己的孩子也应该去学一学，不能被别人比下去。

4. 原生家庭，影响理念

原生家庭是指个体出生和成长的家庭。这个家庭的气氛、传统习惯、家人互动的关系等，都影响子女日后在自己新家庭中的表现。案例中的小胡深受原生家庭的理念影响，他认为男孩不需要认真读书，只要能赚钱就是成功的，这源自他的原生家庭传递给他的理念。小胡从小就不爱学习，他的父母认为学历只是一张无用的纸，并不注重在小胡身上的教育投入，只管衣食住行。因此小胡在培养孩子时，同样会用这种理念去对待小凯的成长。久而久之，就与妻子小陈的理念渐行渐远，容易因为培养孩子方面的问题发生分歧，从而产生争执。

≫ 【破解策略】

家庭在培养孩子方面需要投入大量的时间与精力，良好的家庭教育有利于孩子今后全面健康地发展。

1. 孩子在场时要尽量避免正面冲突

尽管夫妻一方教育孩子失当，另一方也不要轻易指责对方，因为指责从来不能使人心悦诚服。特别是孩子在场时，夫妻双方都有一种要维护自己的尊严和权威的心理需要，简单地指责只会引发彼此间的"战争"，不会带来别的收获。因此，当孩子在场时，夫妻双方一定要克制，少一分正面冲突，就会少一分对孩子教育的负面影响。

2. 事后寻找适当的机会，以提建议的方式表达意见

避免正面冲突，不是意味着撒手不管，而是要积极地寻找适当的时机，以提建议的方式表达意见。夫妻之间，彼此交流思想、探讨问题的机会永远是有的。如果夫妻一方教育孩子的方法不妥，那么另一方应该在事后寻找适当的机会，心平气和地表达建议或意见。比如，妻子强迫孩子写字、做算术，丈夫虽不赞成，也不必当场指出。可以在妻子心情愉快的时候，用商量、探讨的口气，提出问题："对孩子的健康成长来说，现阶段教育的重点究竟是什么？""强迫孩子写字、做算术的积极意义有哪些？消极影响又有哪些？"通过用心引导和彼此间的反复磨合，夫妻两人在教育孩子的问题上必然会逐步趋向一致。

3. 用生动的事实启发对方，增进认识

夫妻间对待孩子的根本分歧是认识上的分歧。如果你认为对方在教育孩子

方面的认识有误，那么光讲道理是不够的。实际的情形往往是你有你的道理，对方也有对方的道理。要增强说服力，生动的事例是必不可少的，它往往比抽象的道理更有效。因此，平时应多阅读有关家庭教育方面的书刊，多收集教育孩子方面的成功案例，并且多留意他人在教育孩子方面的成功做法和经验。如果你的心里装满了教育孩子的生动实例，那么不仅会让你自己受益匪浅，而且会卓有成效地影响你的妻子/丈夫。

4. 以积极的态度和成功的教育实践，争取得到对方的认可

成功的教育既需要树立正确的教育观念，又需要随时随地将这种理念体现在具体的言行之中。如果你确信自己的教育理念是正确的，那么，你应该积极行动起来，告诉你的妻子/丈夫你将如何去做、要实现什么目标、会取得什么效果。只要你的态度是认真的，目标是明确的，考虑是细致具体的，并且是满怀信心的，对方就不会给你泼冷水，至少不会坚决阻拦你。而一旦取得了良好的效果，对方在事实面前就会更加坚定，夫妻两人的思想认识就会一致起来。

5. 要学会倾听孩子

家长往往习惯于自己说话，让孩子听着。事实上，家庭应该是孩子说心里话的地方，家长要注意把说话的机会留给孩子，鼓励孩子多说话，不能因工作忙而忽略了与孩子的思想交流。只有专心地倾听孩子的内心感受，才能平等地对待孩子，而父母与孩子之间的平等交谈，不仅能让父母获知孩子的想法和感受，而且能让孩子得到认可和信任。比如，当孩子哭闹或发脾气时，父母要亲切地留在孩子身边，耐心地倾听孩子诉说不开心的原因，可以对孩子说"再多告诉我一些""发生这样的事，我也很难过""我理解你的感受"，这样，孩子会深深地感受到父母是理解他的，会收到很好的教育效果。

6. 尊重差异，学会接纳

夫妻双方来自不同的原生家庭，各自不同的成长环境和教育经历决定了两人原本就"预装"了两套不同的"操作系统"，所以在教育孩子的问题上存在不同的意见很正常。在选择对方为伴侣时，就已接纳了对方与自己的不同，所以在面对孩子的教育问题时，夫妻双方同样需要学着接纳对方不同的教育观念。在孩子面前，夫妻双方无须完全达成一致，而应该让孩子自己去适应、整合父母不同的教育方式，这对于孩子来说也是成长过程中的一种历练。孩子逐渐长

大后就会步入学校、走向社会，他将遇到不同的环境以及形形色色的人际关系，而父母双方在早期家庭环境中对孩子不同的教育方式，就像一个社会缩影，可以帮助孩子适应不同的环境，学会处理不同的人际关系。

>> 【举一反三】

越来越多的年轻父母忙于工作，几乎无暇顾及孩子，于是，抚养孩子的重担就不可避免地落在了爷爷奶奶、外公外婆的肩上。那么，对于年轻父母而言，应该怎样应对隔代教育产生的分歧，把孩子教育好呢？

（浙江省宁波市闻裕顺幼儿园　王伊佳）

难题 47 如何营造和谐的家庭教育氛围

"近朱者赤,近墨者黑""蓬生麻中,不扶自直""橘生淮南则为橘,橘生淮北则为枳",这些耳熟能详的俗语警句无不告诉我们,环境对人的成长、发展会产生重要影响。对于孩子的成长来说,家长为孩子营造的良好的情感氛围和文化氛围至关重要。在这个信息化时代,手机、电脑等成了家家户户必备的数字产品,这些产品的过度使用也给我们创造和谐的家庭教育氛围带来了挑战。下面的案例显而易见地说明了这一点。

> 小明生活在一个三口之家,晚饭过后,妈妈在洗碗,爸爸在书房里忙着打游戏,小明在客厅里没有写作业,而是在玩妈妈的手机。过了20分钟,妈妈收拾好厨房,看到小明在玩手机,就说道:"小明快去写作业,别玩手机了。"小明回答道:"等一下,我再玩一会儿。"过了一会儿,小明还没有要停的意思,于是妈妈走过去,一把便将手机从小明的手中夺了过来,这下小明不高兴了,大哭起来:"我要玩手机,哇哇——"这时爸爸还在打游戏。妈妈看爸爸只顾玩手机不管孩子,便骂道:"每天就只知道打游戏,家里什么事也不管。儿子最近成绩越来越差,你也不督促他写作业。"爸爸听到后终于从书房走出来了:"好了,不许哭了。赶紧回房间写作业。""不嘛不嘛,我再玩一会儿就去写。"见孩子不听话,爸爸便想抬起手打他。最后,在妈妈的保护下,小明免了一顿打,抽噎着去写作业了。

【案例分析】

1. 家长忽视了言传身教的作用

家庭是孩子成长的第一课堂。每位家长每时每刻都在用自己的行动给孩子上课,教孩子怎样为人处世、对待生活。因为模仿是孩子最基本的学习手段,父母对孩子的影响首先是自身的榜样示范作用,父母的言行、兴趣、习惯等往往成为孩子模仿的对象。案例中的爸爸沉溺于打游戏,这样的示范会在潜移默化中影响孩子，时间一长，孩子也会迷上打游戏。并且，爸爸将大部分时间花在游戏上而忽视了对孩子的陪伴，对爸爸来说这是一种很大的损失。

2．缺乏学习氛围，家长没有和孩子共同学习的意愿

家庭中学习氛围的创建会对孩子的学习兴趣、态度和习惯产生直接影响。作为孩子的第一任老师，家长有责任为孩子创造良好的家庭学习氛围，并与孩子共同学习，在不断提高自身修养的同时，形成一种教育力量，对孩子进行潜移默化的影响。然而在现实生活中，有些家庭在对待孩子的教育问题上，还信奉"棍棒底下出孝子"，这种错误的教育方法造成家庭成员的关系处于十分紧张的状态。有些父母要求孩子的事情自己都做不到。案例中的爸爸让孩子不要玩手机，快点写作业，可是他自己一直沉迷于玩手机，并没有为孩子创造一个共同学习的家庭氛围。

3．手机等新媒体对家庭教育氛围的影响

如今，新媒体已经成为家庭生活中不可缺少的一部分。新媒体在给家庭教育氛围带来活力的同时，也对家庭教育产生了不利的影响。网络媒体所提供的悠闲的氛围与孩子紧张的学习生活形成了巨大的反差，虚拟世界的诱惑令孩子无法抗拒。一些父母，特别是年轻父母，对于新媒体的热衷度非常高，殊不知这样会给孩子带来消极的示范作用，以至于整个家庭氛围处于一种松懈状态。案例中的爸爸热衷于网络游戏，孩子也喜欢玩手机游戏，如果不加以控制，后果会很严重。

》【破解策略】

1．注重言传身教，以身作则

良好的家庭教育氛围的创建必然离不开家长的以身作则，家长在要求子女的同时，自己应该做好示范，在生活中树立一个好的榜样。作为家长，应该严格要求自己，努力提高自身素质，注意自己的言行举止，对子女不仅要言传，更要身教。所以，父母在教育孩子的同时应当做好自己。父母希望孩子成为什么样的人，自己首先就要成为什么样的人。同时，父母应该热爱生活，勤奋学习，努力工作，为子女营造一个良好的家庭教育氛围，帮助子女养成良好的生

活和学习习惯。

2. 家长要增强学习意识

作为孩子的第一任老师,父母应该认识到,孩子的成长需要温馨和睦的家庭关系。一个拥有高尚的思想道德情操的孩子,大多是在良好的家庭教育氛围中长大的;在一个氛围不好且充满矛盾的家庭环境中,孩子的成长一定会受到影响。因此,父母要增强自身的学习意识,与孩子共同学习,共同成长,共同进步。在这样一个竞争激烈的时代,父母更加应该丰富自己,充实自己的头脑,提高自己的知识水平和文化修养。因为只有父母丰富了自己,才能够进一步去教育自己的孩子。所以,孩子的成长、进步与父母的不断学习是分不开的。家长要和孩子一起阅读,一起写作,共同进步。只有家长好好学习,孩子才能天天向上。

3. 正确利用新媒体

在新媒体环境下,家长应该充分认识到家庭氛围的营造必然会受其影响。首先,家长必须发挥自身的主导作用,在尊重孩子的前提下,对孩子进行正确的引导,培养孩子的自制能力和辨别是非的能力,防止孩子在网络世界中迷失自己,误入歧途。其次,作为父母,要言行一致,在要求孩子的同时也要严格要求自己,为孩子树立正确的榜样。关于新媒体的使用,父母既要督促子女,也要督促自己,把握适度原则,合理利用,让新媒体为家庭环境带来生机与活力,而不是破坏原有的和谐。最后,新媒体对家庭的影响正逐步深入价值观念领域,这不仅决定了家庭成员的生活方式,还会在潜移默化中引导家庭成员,特别是孩子产生与之相适应的价值观念。因此,家长要事事留心,处处注意,为孩子创造良好的家庭教育氛围,帮助孩子形成正确的价值观念。

》【举一反三】

我们应该如何面对现代家庭教育遇到的新挑战——电子设备泛滥、儿童接触媒体时间过长等,因势利导,变堵为疏,从而营造和谐的家庭教育氛围呢?

(浙江省宁波市宝韵音乐幼儿园 毛丹儿)

难题 48 青年教师如何与恋爱对象沟通

除了与幼儿、家长、同事沟通,青年教师的身边还存在一种最重要的关系——与恋爱对象的亲密关系。有时候,我们的表达方式有问题,并没有很好地表达出对对方的爱,也没有得到对方给予自己的关心。常常心里想的是希望对方更爱自己,但脱口而出的却是指责——"你今天在外面做什么了,怎么那么长时间不理我""你怎么那么久才回我信息"等。青年教师应怎样处理工作与恋爱之间的关系?如何化解自己与恋爱对象的矛盾?通常我们缺的不是爱,而是沟通的技巧。

小李是一名青年教师,恰逢幼儿园毕业季,日常带班、毕业季活动、排练等占用了她的大部分时间,小李的男友提前约好小李吃饭,可是幼儿园临时要开全体会议,小李忘记告诉男友,导致男友一直在等小李,并埋怨小李至少要回复一下信息。小李自认为很委屈:"我每天工作那么忙,你根本不理解我,你以为所有人都要围着你转吗?"男友也生气地回复:"全世界就你一个人忙!"随后小李对男友采取冷战态度。心情欠佳的她在放学接待工作中仍被消极情绪影响着,对孩子与家长也爱搭不理。

》【案例分析】

上述案例中的青年教师在与恋爱对象沟通时存在以下几方面问题。

1. 毫无计划的时间安排

作为一名青年教师,每天都有各种各样的工作要完成,小李并没有把自己一天要做的事情记录下来,进行优先排序。如果小李对一天的工作进行合理的安排,那么就不容易忘记和男友的约会了。

2. 完全情绪化的情感态度

小李没有及时回复男友的信息,导致男友一直在等待,这本身是小李的问题，但小李不但没有考虑到男友的心情，没有及时处理矛盾，反而让自己变得情绪化，还把消极的态度带到了工作中，这扩大了问题的影响面，于人于己都是不利的。

3. 抱怨为主的表达方式

抱怨是最无效和糟糕的沟通方式之一，尤其是一些含指向性的语言，常常以"你"为开头，如"你以为所有人都要围着你转吗""你根本就不懂""你以为你很了不起"等，这样的语言不仅不利于沟通，而且更容易对彼此的感情造成伤害。

4. 以自我为中心的冷战

小李年纪较轻，易以自我为中心，忽视他人的感受。当一个问题没有很好地解决时就直接采取冷暴力的处理方式，这样做既不能发泄内心的情绪，也无法让对方了解你的需求，容易造成负面情绪的堆积，不利于身心健康，更不利于和他人关系的维护。

≫ 【破解策略】

所谓"沟通"，就是与对方进行交流与互动，进而产生联系。处在恋爱期间的青年教师需要注意以下沟通内容。

1. 增进彼此的了解

（1）**了解你的恋爱对象**。男人和女人在处理情绪、表达情感的方式上有很大的差异。如果希望和另一个人建立长久的亲密关系，那么就需要去了解对方。了解你的恋爱对象与自己不同的特征，并因人而异地了解对方行为背后的需求，从而满足对方的需要。

（2）**让对方了解你的工作**。隔行如隔山，当对方不能了解你的工作性质及你对工作的态度时，就容易产生误解与矛盾，因此可以在日常生活中把工作中的趣事分享给自己的恋爱对象，以增进彼此之间的感情与交流。

2. 学会积极地沟通

（1）**倾听**。学会倾听，换言之就是学会尊重，有质量的倾听必须先放下自己的想法与评价，全身心地投入到对方的表达中，听对方说了什么，理解对方的言下之意是什么，弄明白对方的行为和表现背后的需要是什么。倾听是沟通中最重要的环节。

（2）**反馈**。光倾听并不够，青年教师在和恋爱对象沟通时还需要学会反馈。反馈的技巧是多用疑问句，比如，"你刚刚说的话，我是这么理解的……你觉得这样理解对吗？"多表达自己的想法，以得到对方的认证，确保沟通信息的真实性。什么时候可以进行反馈？当倾诉的一方停止说话了或谈话的氛围变得轻松时，此时便可以进行反馈了。

（3）**表达**。经过反馈环节，确保了信息理解的正确性之后，青年教师还需要学会表达。表达什么？不是表达负面情绪，而是表达你的想法与感受。同样的一件事情，比如，男女朋友约好一起去看电影，男朋友失约了没有来，女朋友也许会非常生气，就对男朋友说："你真是一个言而无信的人。"这种说法是给人贴标签，其实女朋友之所以这么生气，是因为她希望和男朋友一起度过看电影的美好时光，这个愿望没有满足就认为男朋友不在乎她，进而觉得很失望。其实她可以直接表达自己的需要、想法和感受："我非常希望和你一起看电影，度过快乐的时光，你没有来，让我觉得你不在乎我，我觉得有点失望和生气。"这样的表达偏重于自己的需要、想法和感受，男朋友就会了解女朋友对这件事的在乎程度和严重程度，下次就会注意。

【举一反三】

恋爱是走向婚姻的预科班，那么年轻的新婚夫妻又该如何保持良好有效的沟通呢？

（浙江省乐清市机关幼儿园　陈慧慧）

第五章

如何利用新媒体沟通

　　科技的发展,在改变人类生存方式的同时,也冲击着人们的生活方式,教育也不例外。在新媒体时代,每个人都可以通过网络与世界联通,通过网络时刻获取最新资讯。当新媒体与教育相遇后,传递知识不再是教师的专利;当新媒体与教育相遇后,沟通信息不再停留于单一的渠道。

　　为此,幼儿教师应对新媒体时代的到来持积极乐观的态度,与时俱进,以信息化的手段来优化传统的沟通模式,让沟通的渠道趋于立体化、多元化。当然,我们也需要关注新媒体引发的危机和问题,有效应对各种舆论压力,正确认识媒体技术,学习恰当的沟通方式。

难题 49　如何晒微信朋友圈

微信是腾讯公司于 2011 年推出的一款社交软件，用户可以通过微信朋友圈发表文字和图片，也可以分享文章或者音乐，还可以对好友发布的信息进行评论或点赞，其他用户只能看共同好友的评论或点赞。微信朋友圈丰富了微信的实效性与便捷性，那么，在微信广泛应用的背景下，教师应如何晒微信朋友圈？如何利用微信朋友圈展现自己？如何利用微信朋友圈获取家长的信任和幼儿的喜爱呢？在晒微信朋友圈的过程中，又需要注意哪些原则和事项呢？

　　李老师是一位刚刚参加工作的新老师，她非常喜欢孩子们天真活泼的样子，经常拍一些"萌萌哒"的照片、视频发到微信朋友圈，并且配文"今天××小朋友吃饭的时候吃得满嘴都是饭粒，太可爱啦"等。同时，新手教师在带班过程中不免也会遇到许多问题，李老师也常常在微信朋友圈发一些抱怨、牢骚和负面情绪的信息。幼儿园的活动丰富多彩，小朋友们也活泼可爱，李老师每次都忍不住拿起手机记录班级孩子们的精彩瞬间，照片数量很多，但是出彩的照片不多，而且微信朋友圈每次最多只能发送九张图片，所以李老师常常选取自己觉得拍得好的照片上传，班级一些家长就在照片下面留言或者私信询问："李老师，有我们家宝贝的照片吗？""李老师，你也帮我们家的××拍几张吧"。班里有一些家长常常和李老师沟通孩子的情况，也经常参与班级助教活动，相应地，李老师常常在他们的微信朋友圈下面点赞、留言，对于不熟悉的家长则很少互动。长此以往，个别家长就在私底下议论：李老师和这些家长关系比较好，在班级里肯定也对这些孩子有特殊照顾。

>> 【案例分析】

　　上述案例中，李老师晒微信朋友圈存在以下几方面问题。

1. 定位不准确

很多教师，尤其是追逐时尚的年轻教师，对微信朋友圈的定位不准确。李老师作为一名幼儿教师，和众多的家长都是微信好友，家长添加教师为好友的一个重要原因是：希望通过教师的微信朋友圈，看到自己孩子在园的情况；希望了解教师本身的专业性。幼儿教师的微信朋友圈应当彰显自身专业、宣传教育理念、辅助班级工作，而李老师只是利用微信朋友圈彰显自我个性，微信朋友圈与教育相关的内容少之又少，这说明李老师对微信朋友圈的教育功能定位不够准确。

2. 隐私不重视

在信息爆炸的时代，个人的隐私安全显得更加重要。近期也有多起绑架案件是由于频繁晒娃、暴露隐私造成的。安徽卫视制作的一档节目通过小实验展示了骗子拐卖孩子的"高超绝技"。骗子一上来就亲切地跟孩子打招呼，准确地叫出了孩子的名字。为了让孩子相信自己，骗子还叫出了孩子妈妈的名字。从孩子的眼神里不难发现，她的防备心理已经松动了。为了进一步取得孩子的信任，骗子还打开微信朋友圈，找出孩子妈妈发到微信朋友圈里的照片，这下孩子将眼前这个陌生人当成了熟人，彻底放松了防备心理，骗子在众目睽睽之下将孩子顺利带走。作为教师，想将孩子的天真无邪实时记录下来，和圈中好友分享是可以理解的，但是孩子的照片、姓名等内容涉及个人隐私，不宜在微信朋友圈"晒"，以免给一些不法分子留下可乘之机。

3. 内容不均衡

案例中的李老师在利用微信朋友圈和家长沟通的过程中，多以自我的喜好决定发送的照片、留言的内容。班级中的家长多互为微信好友，李老师经常和个别家长有点赞、留言的往来，忽视了班级其他家长的感受，容易令其他家长感到教师有失公平，从而对教师在园的工作产生质疑，影响班级工作的开展。

>>> 【破解策略】

教师的微信朋友圈就是信息发布平台、家园互动平台，正确地晒微信朋友圈能够帮助教师"不动声色"地和家长建立联系。而且利用微信朋友圈沟通显得更加温和舒适，让人如沐春风。

1. 注重隐私保护

"图片+文字"，这是不少教师晒微信朋友圈的固定模式，但不经意间，孩子的姓名、年龄、小名就被"晒"了出去，容易出现幼儿信息被陌生人掌握的情况。所以切记，晒微信朋友圈时一定要保护好幼儿的隐私，必要时可以打上马赛克，在班级群中发送照片也要记得提醒家长注意隐私保护。

2. 文字类微信朋友圈

（1）**避免负能量**。微信朋友圈中的负能量容易让家长产生教师不热爱本职工作、不关心幼儿的联想，所以要避免在微信朋友圈中发送负能量的内容，可以多分享一些正能量的内容，不发涉及自己的情绪或者隐私的内容。

（2）**转发实用文章**。教师发布的内容应是带有社交属性，且家长和幼儿都喜欢的实用性文章和文字。教师可以关注一些教育类公众号，选取育儿经验类、家园沟通类、教育新闻类等内容进行转发。同时可以加上自己的专业观点，凸显自身的专业能力。例如：

- 成功的教育理念、经典的育儿案例。
- 家园沟通的良性方式。
- 个人教育经历的回忆和思考。
- 自身培训学习、教学实践的历程。

（3）**评论家长的微信朋友圈**。家长的微信朋友圈可以大致分为生活动态、转发文章、人生感言、寻求帮助、微商这5种类型。教师首先要摆正自身，确定自己在家长的微信朋友圈中的定位。如果家长发送了有关孩子的照片、文字等，那么教师可以根据不同情况进行有针对性的评论。

3. 图片类微信朋友圈

（1）**相册功能**。面向家长的微信朋友圈应当兼顾全体与个体。从家长的角度来看，照片的构图、色彩不一定要多么专业，重要的是看到了每个孩子的笑脸。以幼儿园的诗词大会为例：照片可以是孩子们集体摆出的一个颇具神韵的动作，也可以是孩子们闪闪发亮的眼神。教师拍照时需注意不要遗漏孩子，每个孩子都至少要有一张照片。看到这些精美的照片，家长不仅了解了孩子的在园活动情况，也会在照片的不断更新中看到孩子的进步。还有很多家长会转发这些照片和视频，在这个过程中，家长微信朋友圈里的好友也会被感染，感受到幼儿园、教师的用心。这些小小的举动有助于实现教师与家长的良性互动，家长也会发自内心地感受到教师对孩子的关心。

（2）**活动宣传**。教师可以运用 H5 制作软件将幼儿园丰富多彩的活动编辑成动态的图文介绍发送到微信朋友圈，利用微信朋友圈的分享功能让家长了解活动预告、共享活动乐趣，使家长理解老师为孩子的成长所付出的努力，从而使家长更愿意参与助教活动，响应班级老师的号召。

【举一反三】

在新媒体广泛应用的背景下，如何利用美篇、公众号等自媒体来宣传所在幼儿园的教育理念呢？

（浙江省宁波市第二幼儿园　戴行茁）

难题50　如何利用自媒体开展幼儿园工作

家园共育，能够帮助幼儿园开展有效的素质教育，促进幼儿健康发展。加强与家长之间的沟通与交流，互相尊重、理解，能够有效地促进家园共育，为幼儿的成长提供发展空间。传统的家园共育由于信息传递途径少，家长对幼儿园的了解少，参与更少，显然已经无法满足自媒体时代教师与家长随时沟通的需求了。那么，如何利用自媒体平台展示班级文化、促进班级管理、构建积极的家园共育模式呢？

每学期一次的家长开放日活动又要开始了，为了全面地向家长展示幼儿在园的半日活动，中一班的两位老师正在忙碌地做着准备。园部对这次家长开放日活动有新的要求，即每个班级需结合班级特色开展一次班本活动。中一班的班级特色是树叶博物馆，两位老师想在家长开放日举办一场"树叶秀"，让每个孩子带来一个与树叶相关的作品进行展示。为避免重复，单双号的孩子有不同的任务。班主任汪老师在家长微信群里发的通知是这样的："各位家长，本学期的家长开放日活动马上就要开始了，请单号小朋友准备树叶拼画作品，双号小朋友准备用树叶做的服饰，当天会有展示活动哦！"家长们看到通知后，有些不理解——"明明是让我们来参加半日活动的，怎么又要做东西了？""这不公平啊，双号的任务也太难了。"有的家长甚至说："工作太忙了，实在没时间做。"两位老师知道后表示很无奈。

【案例分析】

上述案例中的汪老师在班级家长微信群里发布活动通知后，家长并不是特别配合老师布置的任务，对需要做树叶作品这件事情有些反感，这其中的原因出在这位教师身上。

第一，汪老师在班级家长微信群发布的通知更像一种命令，只表述了需要家长配合孩子做好树叶作品，并没有向家长表达布置这个任务的初衷是什么、与孩子的发展有什么关系。家长最关注的是孩子能从活动中学到什么、孩子的能力是否有一定的提高，而案例中简单的通知并不能让家长对这次活动产生深刻的认识，只会让本来工作繁忙的家长产生消极情绪。

第二，班级微信群是家长了解孩子在园情况、了解幼儿园各方面信息的窗口，幼儿教师需要用心"打理"，无论是通过班级微信群发布消息通知，还是在班级微信群推送幼儿平时的在园照片、短视频，都要做到滴水不漏。案例中的汪老师在这方面做得还不够，没有让家长通过微信群消息，对这次活动有全面的了解。如果教师掌握了各项利用自媒体开展家园工作的技巧，把工作做到位，那么家长自然会对教师、对班级交口称赞，会配合做好各项班级工作，共同促进幼儿的发展。

》【破解策略】

家园共育在整个幼儿园工作中显得尤为重要，那么，如何利用自媒体做好家园共育工作，将家园共育所取得的成效展示出来，这是值得我们思考的问题。

1．巧用微信

在现阶段的生活中，微信的使用频率非常高，几乎每个人的手机中都下载了微信这一应用程序。微信中有非常丰富的功能值得幼儿教师学习。

（1）**建立班级公众号**。微信公众号每天可以群发消息，包括文字、图片、语音、视频和图文消息五个类别。教师可以把日常班级建设中的相关工作编辑成图文素材，设置为关键字回复，所有的用户都可以在公众号中查阅自己关心的内容。例如，将班级特色、课程安排、特色活动、教师建议及家教文章等编辑成图文素材，供家长查询，让家长随时随地了解幼儿的在园情况，知晓班级文化建设的过程。为每个幼儿建立一个图文素材，每周针对幼儿的在园表现，写一段真诚的评语，并提出自己的建议。设置幼儿姓名为关键字的自动回复，家长可以随时查看这些档案。家长可以在公众号留言说说教育孩子的困惑，也可以提出有利于班级管理的建议，便于教师及时关注并采用可行的建议。另外，家长经常会参加班级助教的活动，活动的效果怎么样、家长与幼儿的互动怎么样，这些都可以通过公众号展示出来，这样做一方面是对家长参与活动的肯定，另一方面也可以调动其他家长参与幼儿园活动的积极性。

（2）建立家长微信群。每个班级可以建立一个家长微信群，这一平台可以实现信息及时、快速、一对多的传播，而且班级家长微信群的聊天环境、实时留言、消息推送等功能可以让家长和老师随时随地进行交流。比如，教师可以挑选幼儿一天玩游戏、上课、吃饭等的照片或小视频发到班级微信群，让家长及时关注自家孩子的情况。此外，班级微信群便于家长随时随地交流、探讨关于教育孩子方面的问题，分享成功的经验，达到经验共享的效果。不过，使用微信群要合理、有度和遵循规则。教师作为管理员要强调群规，注重保护隐私。比如，幼儿的个性化问题、个别突出问题只能私信交流，不能在群内交流；不能通过班级家长微信群做集赞、投票等事情；晚上尽量不要在群里推送信息，以免影响他人休息，等等。

2. 使用智慧幼教平台

智慧幼教是一个实现幼儿园、教师、家长三方互动交流的平台。该平台采用移动互联网技术、短信和语音通信技术、物联网技术，实现幼儿园、教师、家长之间的信息互通。

（1）建立班级相册。用于发送平时拍摄的幼儿生活中的精彩瞬间，例如，户外活动情景、公开课、幼儿吃饭睡觉等照片，再配上简单的说明文字，家长可以利用碎片化时间浏览、下载和保存与幼儿相关的照片。这些照片会让家长对幼儿的一日生活更加了解，尤其是小班刚入园幼儿的家长，他们迫切地想知道自己的孩子在幼儿园的情况，这种形式可以帮助他们缓解焦虑的情绪。这些图片、文字和视频资料可以长期保存，作为班级资料随时查找。

（2）展开班级圈讨论。传统的家园共育方式，若要家长配合教师的工作，需要召开班会，或者在接送幼儿的间隙进行简单交流，不仅效果慢、效率低，而且家长的参与度低。智慧幼教平台的班级圈讨论能够改善这一情况。教师可以搜集家长们感兴趣的话题、班级幼儿出现的一些共性问题，定期展开班级讨论，让每位家长都能发表自己的看法或建议，这样不仅教师能实时地了解家长的想法，而且家长能更大程度地参与进来，对班级、幼儿有更全面的认识。

3. 利用其他应用程序

这里以活动为例，幼儿园每学期都会开展大大小小各种各样的活动，那么如何在活动前后做好宣传工作呢？

（1）活动前。一个活动的开展不仅需要教师组织，还需要家长配合、幼儿做好准备。活动前可以通过微信、QQ、初页、美篇等平台向家长发送活动预告。预告的内容很重要，要说明活动的意图、活动开展的原因、和幼儿有哪些联系、会促进幼儿哪方面的发展；要交代活动的具体要求，哪些是需要家长配合的，哪些是让幼儿自主完成的。家长明确了活动目标，就会有针对性地做准备和支持教师。

（2）**活动时**。除了家长开放日以外，家长能参与幼儿园活动的机会并不多，即使家长很想看看活动中孩子的表现，通常也只能看看活动结束后教师发的照片。一般来说，教师拍的照片是随机的，不一定能让所有小朋友都入镜。为了解决这一问题，让家长实时参与活动，幼儿园可以根据情况选择使用在线直播的应用程序，对活动过程进行线上直播。例如映客、花椒等移动直播平台，以及微博里的直播。当活动开始的时候，教师可以通过直播软件拍摄幼儿的活动情况，有时间的家长可以实时观看并留言，没时间观看的家长也可以在方便的时候观看重播。

（3）**活动后**。在活动期间，教师会拍摄幼儿的精彩瞬间。在活动结束后，教师可以进行整理归类，将活动的过程用图片、视频及文字记录下来，通过微信公众号进行发布，让家长及更多人看到活动的效果，这也是宣传班级文化、打造幼儿园品牌的途径之一。

【举一反三】

家园共育是需要幼儿园和家庭共同完成的教育工作，那么如何利用自媒体来了解家长的教育观和教育方式呢？

（浙江省宁波市宝韵音乐幼儿园　王超波）

难题 51 如何应对家长在自媒体上对班级工作的负面评价

随着社会的进步、科技的发展,自媒体时代已经到来。毫无疑问,自媒体给教师工作带来了极大的便利,但同时也带来不少新问题和挑战。自媒体是教师分享幼儿精彩瞬间、发布通知的好帮手,但它也会将班级管理中出现的问题公诸于众,容易产生一些不必要的误会乃至负面事件。在自媒体上,人人都是消息的发布者,正面评价能让人精神振奋,那么当出现负面评价时,教师应该如何应对呢?

案例一:5月8日,早上9点11分,某班班级群内出现了如下信息:

甘爸爸:@章老师 @汪老师 老师,昨天晚上我们甘甘(化名)说眼睛痛,被小朋友的玩具打到了,我想应该没事。可是今天早上起来她一直在喊眼睛痛,所以您能告诉我这是什么情况吗?昨天她奶奶接回家的时候也没说幼儿园里发生了什么事情。

9点28分,又有了新消息:

甘爸爸:@宇宇妈 你好!请你跟小孩说一下,以后有一定危险性的玩具最好还是不要带到学校去玩。小孩毕竟还小,躲避能力差。昨天你家小孩玩跳跳球时把甘甘的眼睛打了,以后让小孩玩这种玩具的时候注意点。

章老师:@甘爸爸 谢谢反映这一情况,相信孩子们以后一定会注意的。

宇宇妈:@甘爸爸 我刚才跟甘甘妈妈联系过了,有什么情况随时联系。不好意思,小孩顽皮弄到甘甘,晚上回来我会好好教育他。中午我会再跟甘甘妈妈联系的,你放心工作吧,小孩的事交给我们妈妈吧,放心好了。

甘爸爸:@章老师@汪老师 麻烦老师们以后多关注孩子的动作,他们还小,不注意就会弄伤别人。特别是他们玩玩具的时候,不要把别的孩子也弄伤了。

甘爸爸:@宇宇妈 你好!应该没什么事的,我们都多提醒自己的孩子,在幼儿园玩的时候注意安全就行，希望我们的孩子都健康快乐地成长，请原谅我的小题大做啊！

宇宇妈：@甘爸爸 也谢谢你的包容和理解，不好意思。

案例二：某天，一位家长在班级群里发了这样一则信息："今天孩子们被老师罚站了吗？"然后是各种回答，有的说："发生什么事了？"有的说："问了小孩了，被罚站了。"有的说："这个老师是替岗老师，平时就不怎么样。"更有甚者说："明天我们一起去园长那里问个清楚。"也有家长甚至把不确切的消息发在了微信朋友圈里。

班主任看到这个信息后，马上跟替岗老师联系，了解到底是怎么回事。原来在餐前活动中，孩子们没有听到老师说"起立，请大家轻轻地搬着椅子去就餐"的口令，只有个别孩子站了起来。替岗老师认为这样会影响孩子们进餐的纪律，所以就让孩子们整齐地站一会儿，保证安静的进餐环境。就因为一个孩子回家说被罚站了，从而在家长群里引起了一片哗然。其实事情并不是家长们想的那样。

【案例分析】

自媒体又称公民媒体，是发布信息方便快捷、传播迅速的新媒体，最典型的应用如微博、微信等。它是教师工作的有力助手和工具，也成为目前进行家园互动的主要方式。但是它将虚拟环境和现实环境相互交织，容易使得一些简单的事情变得复杂化，带班的两位教师必须对此有深刻的认识。对以上案例进行分析，家长在自媒体上对班级工作进行负面评价的原因主要有以下几方面。

1. 教师传达信息不够及时

很多教师认为幼儿发生的事情并不严重，等到放学时再将事情告诉来接幼儿的家长也没关系。的确，当面说的确会更清楚一些，但是也存在因时间隔得略长且事情较多等，导致教师忘记跟家长传达的情况。所以教师应该重视幼儿发生的每件事并做到及时传达，减少误会。

2. 教师与家长沟通不够灵活

与家长之间的沟通本就是一门艺术。如今，幼儿园里年轻教师占多数，她们还不能像老教师一样与家长自如地沟通。从案例一中不难发现，教师说话是比较小心谨慎的，但班级群中的其他家长只能看到群里留下的只言片语，这样会影响沟通的效果。

3. 家长掌握信息片面不全

自媒体公布出来的信息都带有很强的主观性，信息不全面，往往容易以偏概全，引起别人的误会，甚至产生不良的影响。案例二中的家长在了解到幼儿说的一些消息后，急于了解事情的真相，导致在班级群里发布了一些带有主观色彩的负面言论，并引起其他的家长跟风，也在班级群里发布负面消息。

家长在自媒体上对班级工作的负面评价产生的不良影响主要表现在以下两个方面：

（1）**传播途径广，传播迅速**。随着微博、微信等自媒体平台的广泛应用，家长普遍能够借助网络即时发布各类信息。出于对孩子的爱护，幼儿园里一旦有什么风吹草动，肯定会引起家长的强烈反响，继而通过各种媒介的传播，引起社会的广泛关注，造成不良影响。

（2）**降低家园合作的信任度**。在自媒体上，家长作为发布者对班级工作进行负面评价时，别的家长也会受到负面评价的影响，从而对班级教师的信任度降低，直接影响家园合作的效果。

【破解策略】

对于家长在自媒体对班级工作的负面评价，教师应该怎样积极应对并将负面评价的影响降到最低呢？

1. 班级事务及时公开，传播班级正能量

教师要经常在班级微信群内发布积极向上的正能量事件，让家长及时了解幼儿在园的情况。及时转发幼儿园的重要新闻，将幼儿园里发生的重要事件在群内及时公布，让家长及时地了解幼儿园发生的事情，以及幼儿在幼儿园的表现，消除他们的顾虑及不信任。

2. 强化班级群的管理，及时关注群内动态

强化班级群的管理，及时了解家长的心声和需求，对于家长的疑问进行及

时的解答，一旦发现有什么问题，就要尽快了解情况，采取相应的干预措施，尽量发挥正能量的导向作用，使班级群发挥积极作用，真正成为家园沟通的桥梁，更好地为家园沟通服务。

3. 自媒体负面事件的处理应把握三个度

（1）**速度**。一旦发现班级群内产生矛盾冲突或其他负面事件，主配班教师要第一时间介入，迅速了解事件发生的原因是什么？会不会造成负面影响？影响的程度有多深？影响的范围可能有多大？会出现什么不良后果？对这些问题都需要在第一时间做出正确判断。主班教师要在第一时间与相关人员进行沟通，获取广大家长的理解与支持，既要保证信息发布的权威性，又要防止不实信息干扰舆论导向，而且要做到前后一致、条理清楚、忙而不乱。

（2）**态度**。以负责任的态度面对家长，对就是对，错就是错，要有勇于认错的态度，以真诚的态度和真实的情感与家长交流。在处理家长与家长之间的纠纷时，要做到公平、客观、实事求是，不偏袒某一方，保持相对客观的立场。

（3）**高度**。要站在维护幼儿园立场的高度处理事情，从幼儿园全局出发，既要照顾家长的感受，又要维护幼儿园的立场。将问题上升到整个幼儿园的高度来解决，主配班教师都要积极参与其中，以平等的姿态和家长们交流，尽量协商达成共识。

>> 【举一反三】

如果家长在自媒体上对班级工作进行负面评价需要引起教师的重视，那么当家长对教师本人进行负面评价时又该怎么做呢？

（浙江省宁波市第二幼儿园　许雨菡）

难题 52 如何利用新媒体与家长进行良好的互动

随着生活节奏的加快,许多家长因为工作忙碌,很少与教师进行面对面的交流。即使家访,教师也常碰到"铁将军把门"或只有祖辈在家的现象。因此传统的家园沟通方式(家长会、家园练习册、来园离园交谈等)表现出的互动少、连续性差等弊端都在一定程度上不利于家园高效合作。由此,如何利用新兴媒体与家长进行良好的互动成为当下应该思考的问题。

> 班级家长会刚刚结束,许多家长却迟迟不肯离去。家长们提出的问题层出不穷:"我们家宝宝年龄小,又比较要强,在幼儿园里能和小朋友好好相处吗?""乐乐从小跟着爷爷奶奶长大,不在我们身边,上了幼儿园我们怎么配合老师的工作呢?""贝贝的性格很内向,从小就不怎么说话,万一在幼儿园没有新朋友怎么办呢?""琪琪在家里不好好吃饭,而且很挑食,我们很担心她在幼儿园的吃饭问题。"面对家长们提出的许许多多的问题,老师耐心地一一讲解。等所有的问题全部回答完后,天已经很黑了。
>
> 但是,正式开学以后,每一个清晨还是会有很多家长询问。有的家长抱着孩子不肯离去,有的家长甚至担心孩子吃不惯幼儿园的饭而在孩子的小书包里塞满零食。放学了,家长们又围着老师问:"宝宝中午吃饭好吗?""宝宝睡觉好不好,能睡着吗?""我走了以后,宝宝哭了多久啊?"
>
> 每一天,老师都要面对重复的问题,要重复地进行回答。

【案例分析】

在上述案例中,教师在进行家园沟通时存在以下几个问题。

1. 未合理利用多媒体渠道

现在,负责接送幼儿的大多是祖辈或者保姆,文化程度普遍不高,对于教师的反馈无法如实、详尽地告知父母。而现在的家长比以往更加关注幼儿的发展,也渴望与教师进行沟通,获得更多的育儿知识。因此,在社会迅速发展、多媒体深入走进生活的今天,教师应该将多媒体这一家园沟通渠道利用起来,实现更加和谐的家园沟通。(教师经常使用的多媒体平台有微信、短信(校讯通)、微信公众平台、QQ、班级论坛等。

2. 口说无凭

从上述案例可以看出,家园沟通中的很多问题都是重复的。很多家长会有共同的问题,但是会在不同的时间段对教师进行提问或咨询。教师通常也能够耐心地一一讲解,但是会浪费很多时间,而且"口说无凭"。特别是孩子刚入幼儿园的家长,其本身对幼儿园是抱有疑虑的,对教师还没有完全信任。因此,教师需要了解如何合理利用多媒体渠道,为幼儿在幼儿园的快乐生活提供"真凭实据"。

3. 给家长的"来园须知"普及不够

虽然幼儿园开过家长会,讲过入园须知,但是可以发现,家长普遍都是"一听而过",少有记住的,所以才会发生随后的一系列家长提问、不肯离开幼儿园等现象。在当下的社会中,家长们都有自己的工作,因此频繁开家长会显然是不太现实的,而借助多媒体平台进行沟通和信息传播更加适合当下的家庭情况,也更容易让家长接受。

》【破解策略】

教师的沟通方式决定着家园关系的发展,关系着幼儿三年的在园生活质量,因此必须思考有效的家园互动方式。

1. 确定媒体沟通的平台

(1)**了解情况,确定主要沟通平台**。随着社会的发展,借媒体进行家园沟通已成为一种大趋势,既能够满足家长的需求,也为教师的工作提供了很大的便利。教师可以利用家访或者幼儿初次来园报到等机会了解家长日常使用最频繁、最顺手的通信手段,例如:QQ、微信等,然后据此确定一个班级主要的沟通平台。

(2)**请所有家长加入**。在确定了主要的沟通平台以后,教师要利用各种机会邀请家长加入。在"所有家长"这一问题的考量上,教师需注意提醒:要会看信息,懂得利用多媒体平台的家长加入;可以请家庭里参与监管幼儿的几个人都加入。在此基础上,确保每一个幼儿都有家长加入,让家长确保自己能够及时收到平台上的信息。

 2. 明确媒体沟通的准则

(1)**时间**。无"规矩"不成方圆,时间是一个需要关注的重要条件。教师要根据大家的日常生活作息,制定一个基本的信息发送时间,比如说夜晚,不能影响各个家庭的正常作息。也要明确教师在群里的回复不是随时随刻的,而要根据自己的工作时间来调节。事先说明发送消息的时间,可以避免一定的教师工作困扰,也为家长明确了关注信息的时间段。

(2)**内容**。多媒体平台是一个以促进幼儿成长为宗旨、方便大家沟通的平台。在这样的平台,发送的内容一定是关于教育的、积极向上的。家长需要达成不传播负面信息、消极信息的共识,为营造积极向上的班级群氛围共同努力。

 3. 合理利用微信等多媒体平台

(1)**微信**。微信是当下人们使用最频繁的沟通软件。教师在这里可以及时地发布幼儿园的活动通知,让家长了解幼儿园的最新信息。家长在这里也可以,沟通自己的育儿经验,展开主题讨论,共同探讨育儿过程中遇到的问题与困惑,使得单一的家园联系变得丰富和立体化。其中,微信朋友圈是一种信息宣传的渠道,也是个人表达想法的一种有效途径。教师可以利用微信朋友圈描述一些有趣的事件、抒发自己的教育感悟,家长们通过微信朋友圈也可以更加准确地认识教师。同样,教师也可以根据家长的微信朋友圈,对家长有更进一步的认识与了解。

(2)**QQ**。照片是幼儿在幼儿园生活的一种呈现方式,但是让家长拿着手机来复制照片或者通过微信发照片都比较麻烦,远远没有QQ的相册平台来得便利。除了照片,教师还可以将班级的教学计划、优秀幼儿教育文章上传其中,方便家长及时翻阅并与教师沟通。家长们也可以将幼儿日常生活中比较有趣的瞬间保存下来并上传,让QQ平台成为记录幼儿成长的一个"秘密花园"。

(3)**微信公众号**。微信公众号通常是发布幼儿园活动的平台。在这里,家长们可以看到幼儿园的活动场所、游戏设施、教师风采、活动开展过程等,从而对幼儿的了解更加具体化，知道教师正在做的事情及其意义，对幼儿园的教育形式有比较充分的认识，真正理解教师的日常工作，进而发自内心地支持幼儿园工作。

4．掌握沟通的艺术

（1）**频率的掌握**。凡事要有度，家园沟通也是同样的道理。教师需要在沟通的过程中把握家园沟通的"度"。教师应该根据本班家长的热情度、参与度、求知欲乃至知识消化能力，合理地确定发布信息的时间与频率，确保家长可以积极参与且不产生厌烦的情绪。

（2）**多夸**。夸奖可以让家长对教师产生亲近感，喜欢教师，这样教师在家园沟通时才有家长愿意聆听，并完成教师所传达的任务等，利于幼儿教育工作的开展，便于家长资源的合理利用。但是"多夸"并不代表"全夸"，教师也要通过发私信或者打电话、发短信等传统的沟通方式，将幼儿的一些问题以家长乐于接受的方式告知家长，促进幼儿身心健康发展。

（3）**包容每一个幼儿**。教师在与家长沟通的过程中要充分考虑到每个幼儿的特点。例如，天气渐热，要请家长为孩子脱掉背心，教师发布通知后还可以加一句"家长们可以根据自己孩子的体质斟酌决定"。这样的沟通方式能够让家长觉察到教师的细致，更加信任教师。

（4）**语句简洁易懂**。家长的学历、素养各不相同。教师与家长进行沟通时需要确保所有的家长都能读懂自己的话，因此，在语言表述方面，教师必须考虑到简洁易懂，让家长参与其中，知道做什么以及如何做。

》【举一反三】

多媒体平台可以帮助家园有效沟通，但是，如果家长在多媒体平台发布消极信息，且影响较大时，教师又该怎么处理呢？

（浙江省台州市天台县实验幼儿园　蒋嫣嫣）

难题 53　园长如何玩转微信

随着"互联网+"时代的到来,新媒体技术应运而生,并逐渐在幼儿园的日常管理工作中得到应用。微信作为人们交流、沟通的重要媒介之一,已经占据人们日常生活的大部分时间。对于身处教育改革浪潮的教师们,微信时代已然到来。那么,幼儿园的"一把手"们都用微信做什么?他们关注的微信朋友圈话题又是什么呢?怎样利用微信朋友圈处理与教师的关系呢?

某民办园长是个"不轻言"的人,很少在微信朋友圈主动发消息,因为她觉得:"微信代表着人的个性、工作状态、精神状态以及内心是否沉静。人安静下来,思想才能安静。"因此,作为园长,她要求自己做个安静的人。同样,转发文章时,她也保持谨慎的态度:要么是幼儿园十分重要的工作;要么是对自己和他人的生命都能产生积极影响,让心灵得到净化的内容;要么是诸如教育改革这样已经定音的主旋律。换句话说,如果哪位微信好友的文章被园长转发,应该算是对这个人极大的认同!

但是,园长发现部分老师的微信朋友圈出现许多工作以外的内容,如广告推送或集赞,有些还在微信中屏蔽园长,那么对此该不该进行干预呢?

【案例分析】

上述案例中,园长的微信朋友圈面临以下几个问题。

1. 微信朋友圈活跃度低

微信朋友圈是一个空间相对比较大、比较自由的"舆论场",好友互相点赞、推送图片记录生活点滴,或者分享某些生活琐事和窍门,这原本就是一个"百姓平台"。从这位园长的角度来看,现在微信朋友圈发布的各类信息真假难辨,有的内容是标题党,有的内容文不对题,有的内容多是一些警醒人生的为人之道或心灵鸡汤。这位园长对上述内容避之不及,因此微信朋友圈的活跃度比较低。

2. 内容形式单一

园长个人的微信朋友圈是宣传幼儿园工作的另一个主阵地，除了发布与工作相关的内容，很少有其他的内容。因为对于园长而言，总是发布宣扬主旋律的内容会被别人讥讽作秀，但发一些旅游图片或同学聚会的生活场景，又会让人浮想联翩。内容的限制让很多园长在微信朋友圈中显得很尴尬。

3. 微信朋友圈缺少关注

很多教师既不添加园长为微信好友，更无心思分享园长发布的信息。久而久之，微信朋友圈在园长心目中的价值会变得越来越低，园长自然会失去对微信朋友圈的兴趣，内容和信息发布也就越来越少，关注的人也会越来越少，最终会进入一个恶性循环，有的教师甚至屏蔽了园长。

》【破解策略】

1. 建立有温度的微信朋友圈

首先，园长需要用心打理自己的微信朋友圈，让朋友圈变得更有温度。具体来说，"园长的微信朋友圈"的一个可贵之处在于其不仅成功融入了教师群，更在传统交流方式之外，引发了新型互动模式的升级。家园沟通是学校教育的一项重要内容，苏联教育家苏霍姆林斯基曾经说过："没有家庭教育的学校教育和没有学校教育的家庭教育都不可能完成培养人这样一个极其细微的任务。"园长可以利用微信朋友圈等新媒体与家长沟通，让家人感知幼儿教育的温度，得到家长的理解与支持。为"园长的微信朋友圈"点赞并不是"好园长"的评价依据，毕竟每个幼儿园的具体情况不同，每个园长的风格也大相径庭。但"园长的微信朋友圈"确实为教育者提供了一种新的思路，教育不能仅仅依靠"硬件"措施，更需要那份对幼儿真正的关爱。

2. 这样玩微信朋友圈

园长应该在微信朋友圈发什么？关于这个问题，我们来看看不同的园长的认识和想法，他们的做法值得我们借鉴和思考。

性格开朗的王园长算得上是微信朋友圈中比较活跃的用户，经常更新内容。

因为微信好友中既有幼儿园教师，也有朋友和家长，所以在发什么内容这个问题上，她非常慎重。总体来说，前沿的教育观念、幼儿园各种丰富多彩的活动、教师和幼儿的生活占了绝大多数。当然，作为理论基础与实践经验兼备的专家型园长，很多指导家庭教育方面的文章、妙招也是通过这个途径与家长分享的。偶尔，她也会秀秀自己的摄影作品，如蓝天、白云、碧水、野花……身边的美景令人赏心悦目，也成为她的朋友圈的一抹亮色。但是，在她的"个人相册"中，最多的依然是孩子生机勃勃的身影和一张张灵动的笑脸。

陈园长认为，充分发挥这个宣传阵地的作用，对拉近园长和家长、教师、社会的距离，凝聚教育合力能够起到事半功倍的作用。无论是幼儿园运动会，还是日常教学……幼儿园里发生的点点滴滴，都能及时地呈现在她的微信朋友圈。陈园长经常给教师们点赞，手指轻轻一点，传递出的却是满满的正能量。

吴园长在微信朋友圈里交流最多的是幼儿园教师群体和家长群体，通过朋友圈，实时动态地了解教师成长中遇到的问题，及时帮助她们解决这些问题显得尤其重要；和家长建立起紧密的联系，第一时间倾听家长的心声和意见，在最短的时间内完善和提升，让家长的期望成为幼儿园发展的驱动力。

3. 保持一定活跃度的微信朋友圈

很多时候，园长"不屑于"关注微信朋友圈，并不是主观原因导致的，而是由于微信朋友圈具有"百姓平台"和"友谊圈"的特点，有些人并不喜欢跟园长在微信朋友圈互动。尽管很多人不承认或不好意思承认这一点，但这确实是事实。毕竟，有了园长的关注，教师在发布微信朋友圈的信息时要仔细斟酌和筛选。因此，从这个角度来说，园长一方面要关注教师的微信朋友圈，另一方面也要把握好度，毕竟每个人都有自己的私人空间，应该充分尊重他人。

>> 【举一反三】

除了园长的微信朋友圈外，很多幼儿园都有自己的微信公众号，那么微信公众号怎么建设，又应该注意些什么呢？

（浙江省宁波市第一幼儿园　乌建波）

难题 54 如何利用新媒体促进亲子互动

新媒体的出现，使我们进入或正在进入一个人人皆媒、万物皆媒的时代，各种媒体形式走进家庭，对亲子互动产生了很大影响。越来越多的家庭开始采用新媒体进行亲子互动，互动过程平等而多样化。同时，新媒体的广泛应用，也给亲子互动带来了消极的影响，片面地认识和使用新媒体，会对家庭教育产生极大的负面影响。因此，如何发挥新媒体的作用，有效地促进适宜的亲子互动显得尤为重要。

💭 2 岁多点的宝宝活泼好动，一会儿爬上沙发，一会儿爬上饭桌……凡是能摸到的地方，都要摸个遍；凡是能够得着的东西，总想伸手摸摸。宝妈一天到晚都要跟在宝宝的屁股后面，为她排除各种危险或者收拾她弄乱的东西。有时候，宝妈实在懒得动弹，便任由宝宝翻箱倒柜，将家里弄得一片狼藉；有时候，宝妈想趁宝宝自己玩耍的空档看会儿书，可被她发现后就会冲过来抢走书本，稍有不慎，就会把书撕得粉碎。

一天，邻居给宝妈推荐了一款动画教学手机应用程序，这款应用程序可以教宝宝问好、玩玩具、认数字等。这下好了，只要一打开应用程序，宝宝就会乖乖地坐上很久，偶尔还会跟着念几句。宝妈感觉整个世界一下子安静了下来，还有了自己的时间，可以看看手机，刷刷微信朋友圈。于是，宝宝吃饭的时候，妈妈给她看手机，喂饭省心不少；宝宝哭闹的时候，妈妈让她玩手机，瞬间止哭；宝宝学本领时，妈妈让她看电视里的教学片，比自己教更科学。渐渐地，宝妈再也离不开这些"法宝"，而宝宝也更加依赖这些"法宝"的陪伴，一眨眼就吵着要看手机、电视，一旦不给她看，宝宝就会哭闹发脾气。时间一长，宝妈为此感到十分苦恼，该怎么办呢？ 🌀

>> 【案例分析】

上述案例中，家长在利用新媒体进行亲子互动时存在以下几方面问题。

1. 疏于管理，导致亲子互动的频率减少

如今的学龄前儿童几乎从小就沉浸在各种媒体设备中，《媒介与儿童——2013中国青少年宫儿童媒介素养状况调研报告》显示：在学龄前儿童接触到的媒体设备中，前三名分别是移动智能手机（97.8%）、电视机（97%）和计算机（95.4%）。很多祖辈在聊天的时候还会带着骄傲的口吻说："我们家孩子手机玩得比我都厉害……"是的，新媒体的产生和应用带动了整个社会快速发展，但身体和心理发展尚处于初级阶段的幼儿，自我控制能力弱，家长需要对幼儿使用媒体设备进行管理。如果不加以有效管理，导致幼儿过多使用媒体设备，沉迷其中，那么造成的后果会很严重。案例中的宝宝已经对新媒体产生了依赖，如果不给她看手机、电视，她就会不依不饶。

此外，新媒体的使用分散了家长的注意力，有的家长甚至把这些媒体设备当作教养孩子的替代品，让这些媒体陪伴孩子，以减少自己的负担。日常生活中常常能看到这么一幕：家长专注于自己的事情，身边的孩子手里拿着电子产品，要不在观看视频，要不在玩游戏。有些家长甚至庆幸孩子很长时间不来打扰自己。长此以往，使得家长与孩子之间产生互动障碍。

2. 认识片面，让新媒体变"利"为"毒"

随着无线网络在大众生活中的广泛普及，如今使用各种新奇有趣的应用程序成为一种不可或缺的娱乐休闲方式。当下很多学龄前儿童也无师自通，学会使用各种移动智能设备。在发达国家，超过七成以上的儿童在家看电视、上网、玩iPad等。电子化成为儿童新的生活方式，甚至改变了学龄前儿童的生活与交往模式。但是，任何事物都具有双面性，新媒体飞速发展的同时也带来了诸多负面影响。案例中的家长错误地认为自己找到了教育孩子的好帮手，让孩子频繁接触媒体设备：孩子一哭闹就放动画片、玩游戏，以为孩子可以在没有父母的陪伴下安静地成长。殊不知，虚拟的网络世界虽然可以暂时满足孩子在现实世界不能实现的需求，但长此以往，新媒体渐渐地会成为另类的"毒瘾"。像案例中的宝宝一样，不给她看手机，她就会发脾气。

此外，孩子看手机的时候不会哭着闹着要父母陪伴，家长一时觉得"省心"，但是家长不知道，这种放任型的家庭教育方式无法及时发现孩子在成长过程中遇到的问题，当孩子遇到困难时，也不会与家长或者朋友交流沟通并解决问题。这种教育方式会让孩子形成冷漠、固执、玩世不恭等性格特征。渐渐地，

孩子会沉浸在虚拟世界中，难以自拔。

>> 【破解策略】

新媒体在成人和儿童的生活中占有重要的地位，如何有效利用新媒体是教师和家长应该关注的重要问题。我们要善于使用新媒体，使之成为我们的服务者。因此，面对新媒体，较为理性的态度应该是，转变自身的观念以及与幼儿互动的方式，发挥新媒体的作用，让它成为亲子互动的促进者，而不是阻碍者；成为促进家庭进步的辅助者，而不是我们生活的掌控者。

1. 树立正确的教育观念，改变不当的互动方法

亲子关系是人生中形成的第一种人际关系，也是家庭中最基本、最重要的一种互动关系。特别是在我国以独生子女为主的家庭中，亲子互动具有不可替代的价值，尤其是幼儿早期接触的互动，会影响他以后与社会、他人的互动。因此，家长应清楚地了解亲子互动的意义，树立科学的亲子互动观，与孩子进行适宜的亲子互动。比如：

- 放下手中的事情，抽出时间陪孩子，例如：带孩子去图书馆，给他买喜欢的书籍，陪伴阅读，互相影响，创设良好的家庭阅读氛围。
- 带孩子去户外画画，感受大自然的气息，做游戏，如老鹰捉小鸡等。建立亲子一体感，促进和谐关系的构建。
- 为孩子寻找同龄的朋友。孩子和同龄的朋友在一起玩耍，爱好接近，玩得会很开心。这时孩子的注意力在同龄的朋友身上，就会忘记玩手机。
- 父母以身作则，不要在孩子面前玩电子设备，比如，手机、iPad等；选择"民主型"的家庭教养方式，多与孩子进行面对面的沟通。

2. 艺术地管理，构建和谐的家庭结构

面对竞争日益激烈的社会，许多家长在工作中已经精疲力竭，在管教子女的问题上显得力不从心，这时新媒体逐渐成了家庭中"免费的保姆"，不少家长认为新媒体会为学前儿童带来积极影响，例如，案例中的宝妈，甚至有小部分家长认为只要给孩子一个iPad或者一部智能手机，他们就能乐在其中，而且新媒体自身的强大功能足以满足学前儿童对学习和娱乐的需要，从而可以减轻自己的负担。

但家长首先应该明白，新媒体的使用只是为学前儿童更好地成长提供了一种便利，不能完全代替家庭教育。家长可以从以下三方面做好孩子的教育工作。

（1）**限制环境，控制时空**。家长应该为孩子创造条件，配备计算机并联网，让孩子与时代接轨，在家中陪伴孩子体验新媒体的魅力，并共同制定"媒体公约"，正确合理地安排日常生活与上网娱乐的时间，合理利用网络资源。

（2）**正确引导，密切沟通**。家长在尊重孩子的前提下，监督孩子上网浏览的内容；家长要多腾出时间进行有效的亲子沟通，关心孩子的情感世界，及时了解孩子在园的基本情况，做到家园共育，共同促进幼儿身心健康发展。

（3）**转移兴趣，丰富生活**。家长向孩子"请教"怎样玩游戏，成为孩子的"知音"，适时培养孩子健康的网络兴趣；带领孩子接触大自然，体验社会生活，多了解社会，培养孩子多方面的兴趣，让孩子健康茁壮地成长。

3. 采取适宜的互动方式，发挥新媒体的作用

新媒体使幼儿获取信息与知识的途径变得更加多样化，幼儿在亲子互动中拥有比以往更多的话语权与影响力。家长应该及时转变不对等的亲子互动方式，积极了解幼儿的发展规律及个性特点，接受幼儿特有的互动需求与互动方式，建立平等的亲子互动关系。

此外，家长可以借助新媒体进行适宜的亲子互动活动。比如，美国学前教育节目《芝麻街》，为家长提供了亲子互动的参照源。新媒体还可以成为亲子互动的一种沟通手段，比如，视频电话、语音电话等，促进幼儿语言能力的发展，让新媒体成为幼儿与家长互动的纽带。

综上所述，如果新媒体使用恰当，则有助于幼儿的休闲和学习，还有可能引发"教学革命"；如果新媒体使用不当，则可能造成一些不良的后果：不仅对幼儿的视力伤害大，还可能导致幼儿自理能力变弱等。教师和家长应该严格控制幼儿使用移动设备的时间，并对他们选择的新媒体内容加以指导。

>>> 【举一反三】

随着新媒体的广泛应用，家长如何有效利用当下热门的应用程序，使其成为促进儿童健康成长的有益媒介？

（浙江省宁波市第二幼儿园　王丹红）

万千教育 学前教育类书目

书号	书名	著、译者	定价(元)
幼儿园家长工作指导			
2345	幼儿成长揭秘——常见问题分析与家园共育策略	王普华 等 著	48.00
1934	幼儿教师与家长沟通之道（第二版）	晏 红 著	46.00
364	幼儿园家长工作技能与艺术	莫源秋 编著	45.00
806	破解家园沟通的44个难题	胡剑红 主编	35.00
9610	幼儿教师的家长工作技巧	张春炬 主编	34.00
9592	幼儿园家长开放日活动设计与实践指导	卢筱红 主编	25.00
9322	幼儿园家庭教育指导形式与方法	晏 红 著	34.00
幼儿园家长工作指导合计			267.00
幼儿园教师教育技能与活动指导			
2096	让幼儿都爱听你说（第二版）	马希武 等 译	36.00
1707	有力的师幼互动	王连江 译	36.00
9903	幼儿教师与幼儿有效互动策略	莫源秋 等 编著	35.00
1197	幼儿教育中的心理效应	莫源秋 等 编著	32.00

编号	书名	作者	定价
9950	让幼儿都爱听你说 ——幼儿教师说话的艺术	马希武 等译	20.00
8953	幼儿教师实用教育教学技能	莫源秋 等著	30.00
784	幼儿教师必须掌握的教育技巧	莫源秋 著	35.00
193	跟蒙台梭利学做快乐的幼儿教师	刘文 主编	58.00
7511	做幼儿喜爱的魅力教师	莫源秋 著	25.00
7303	老师,你在听吗? ——幼儿教育活动中的师幼对话	汪寒鹭 等译	28.00
幼儿园教师教育技能与活动指导合计			335.00
幼儿心理与发展指导			
2205	幼儿行为管理的方法与策略	莫源秋 著	46.00
1779	幼儿情绪管理的方法与策略	莫源秋 著	48.00
9496	透视幼儿心理世界 ——给幼儿教师和家长的心理学建议	冯夏婷 主编	36.00
0783	透视0—3岁婴幼儿心理世界 ——给教师和家长的心理学建议	冯夏婷 主编	38.00
0183	幼儿常见心理行为问题:诊断与教育	莫源秋 著	38.00
6608	幼儿心理健康教育	刘文 编著	25.00
幼儿心理与发展指导合计			231.00
幼儿行为观察与应对指导			
2308	0—8岁儿童纪律教育 ——给教师和家长的心理学建议(第七版)	蔡菡 译	72.00

……
欲了解更多图书信息,请登录:www.wqedu.com
联系地址:北京市西城区三里河路6号院2号楼213室　万千教育
咨询电话:010-65181109,65262933

*本目录定价如有错误或变动,以实际出书为准。